No.2

云南康养旅游

REPORT ON DEVELOPMENT OF HEALTH
AND TOURISM IN YUNNAN
（2021-2022）

发展报告

（2021~2022）

杜靖川

吕宛青/主编

社会科学文献出版社
SOCIAL SCIENCES ACADEMIC PRESS (CHINA)

本书编辑委员会

目　录

Ⅰ 总报告

Ⅱ 产业篇

B.1
协同发展融合发展创新发展
——2021年云南省康养旅游发展报告

杜靖川 洪湾湾 吴万莹 袁 梦 彭 红 杨 浥*

摘 要： 2021年是"十四五"规划的开局之年，是各地大力发展康养旅游的奋进之年。云南省克服了疫情等困难，进行了大量的探索，取得了突出的成绩，呈现良好的局面。本报告从政策、市场、研究、投资、各州市发展情况五个方面较为全面地对云南省2021年的康养旅游发展情况进行了梳理、分析，总结了全省康养旅游的发展特点，并预测了未来的发展趋势。

关键词： 康养旅游；政策分析；市场满意度；云南省

* 杜靖川，云南大学工商管理与旅游管理学院教授，主要研究方向为旅游经济管理、市场营销与战略；洪湾湾，云南大学工商管理与旅游管理学院旅游管理专业硕士研究生；吴万莹，云南大学工商管理与旅游管理学院旅游管理专业硕士研究生；袁梦，云南大学工商管理与旅游管理学院旅游管理专业硕士研究生；彭红，云南大学工商管理与旅游管理学院旅游管理专业硕士研究生；杨浥，云南大学工商管理与旅游管理学院旅游管理专业硕士研究生。

Collaborative Development Integrated Development Innovative Development：2021 Yunnan Province Health and Wellness Tourism Development Report

Du Jingchuan，Hong Wanwan，Wu Wanying，Yuan Meng，Peng Hong，Yang Yi

Abstract：2021 is the first year of the implementation of the "14th Five-Year Plan", and it is a year of vigorous development of health and wellness tourism in various places. Yunnan Province has overcome difficulties such as the epidemic, carried out a lot of exploration, achieved outstanding results, and presented a good situation. This report provides a comprehensive analysis of the development of 2021 health and wellness tourism in Yunnan Province from the perspectives of policy, market, research, investment and the development of each prefecture and city, summarizes the development characteristics of the province's health and wellness tourism, and forecasts the development trend in the future.

Keywords：Health and Wellness Tourism；Policy Analysis；Market Satisfaction；Yunnan Province

我国已进入大健康时代，康养旅游需求不断增长。2021 年，尽管许多地区受到新冠肺炎疫情的影响，旅游活动受限，但客观上促使人们加深了对康养旅游的认识，一些旅游企业在转型升级中看到康养旅游的蓝海，积极开发了相应的康养旅游市场和产品。

2021 年，云南省康养旅游总体上呈现"上有决策部署，下有实践创新，康养需求旺盛"的良好态势。从市场、投资、空间方面看，康养旅游实践异彩纷呈，康养旅游创新层出不穷，康养旅游业态多元丰富，以康养旅游为主题的康养区域、康养城市、康养园区、康养小镇、康养乡村等应运而生，康养地产、康养金融、康养休闲农业等新兴领域也开始出现，康养旅游已成为备受社会青睐的朝阳产业，在促进全省经济社会发展、改善民生，助力建设健康中国等方面发挥着重要的作用。

站在向第二个百年奋斗目标迈进的新起点上，研究云南省康养旅游发展要聚焦基础性、前瞻性、战略性问题，突出理论性、实践性和应用性，并按照政策引领、市场导向、产业融合发展相互结合与相互促进的路径，促进云南省康养旅游寻求新突破、实现新发展。

一 政策分析

2021 年是"十四五"规划的开局之年,是中国共产党成立 100 周年,也是开启全面建设社会主义现代化国家新征程的第 1 年,保持经济平稳健康发展意义重大。为加快融入以国内大循环为主体、国内国际双循环相互促进的新发展格局,确保"十四五"开好局,全力支持打造健康生活目的地,云南省人民政府以及省财政厅、省发改委、省文旅厅等有关部门出台了一系列政策文件,极大地促进了康养旅游的发展。其中,主要政策通过以下几个文件体现。

云南省人民政府于 2021 年 1 月 29 日发布了《关于促进经济平稳健康发展 22 条措施的意见》,该意见明确要求省财政厅等单位要加大支持力度,全力推动国际康养旅游示范区、大滇西旅游环线等的建设,打造健康生活目的地,建成运营 50 家半山酒店,创建 10 个"高 A 级"景区、2 个国家级旅游度假区、10 个全国中小学生研学实践教育基地及若干康养中心。这是云南省前所未有的发展康养旅游的具体要求,从政策层面极大地推动了各地有关康养旅游政策的制定和落实,为全省康养旅游指明了具体的发展方向。

经云南省人民政府批准,《云南省国民经济和社会发展第十四个五年规划和二〇三五年远景目标纲要》于 2021 年 2 月 8 日正式印发。该纲要指出,未来五年要瞄准国际化、高端化、特色化、智慧化发展方向,聚焦以"文、游、医、养、体、学、智"为主要内容的全产业链,以大滇西旅游环线、澜沧江沿岸休闲旅游示范区、昆玉红旅游文化带、沿边跨境文化旅游带为支撑,建设国际康养旅游示范区,推动云南成为世人向往的健康生活目的地。由此可以看出,康养旅游已成为云南省"十四五"时期的重要发展内容。

2021 年 2 月 9 日,云南省就《云南省"十四五"老龄事业发展和养老服务体系规划》公开征求意见,从人口老龄化角度指出要促进产业融合发展,鼓励各类市场主体提供适合老年人的文体游乐等养老拓展服务。健全社区老年大学办学网络，到 2025 年，各县（市、区）至少建有 1 所老年大学，50% 以上的乡镇（街道）建有老年学校。积极融入全国老年教育资源共享和公共服务平台建设。云南省提出了鼓励老年康养旅游的意见，表明了政府对老年康养旅游的支持。

云南省人民政府于 2021 年 5 月 27 日发布了《云南省"十四五"文化和旅游发展规划》，指出要依托云南旅游资源，建设 10 个国际康养旅游胜地和 10 个医疗健康城和康养小镇。这是对康养旅游的系统规划，明确了云南省康养旅游产业体系的建设重点。

云南省人民政府办公厅于 2021 年 8 月 19 日发布《关于印发〈云南省培育发展新型消费释放消费潜力三年行动方案（2021—2023 年）〉的通知》，指出要丰富文旅消费新业态新产品，加快培育文化体验、康养休闲、健身旅游等新业态，发展一批户外运动、康养旅游等新业态示范基地。这充分表明，康养旅游的社会性、经济性等特点得到了广泛的认可，康养旅游已成为释放消费潜力的重点产业。

云南省人民政府办公厅于 2021 年 9 月 14 日印发了《关于加快中医药特色发展若干措施的通知》，指出要实施中医药康复服务能力提升工程，促进中医药特色服务与康养旅游、智慧健康等产业融合发展，大力发展康养旅游新业态新产品，建设医疗康养旅游度假区。到 2025 年，力争建设 5 个中医临床医学中心及 30 个分中心，建设不少于 10 个中医临床重点学科和 4 个中医康复示范基地。这一政策表明，中医药与康养旅游的融合得到了云南省政府的高度关注，中医药与康养旅游融合有望成为云南省康养旅游的新亮点。

从上述政策文件可以看出，2021 年，云南省在多项政策上积极支持、鼓励康养旅游的发展，不仅在综合性政策中把康养旅游作为重点予以支持，还出台了专项政策，对康养旅游进行系统的政策安排和要求；既考虑短期内康养旅游发展的重点，还从长远发展上对康养旅游的产业链进行设计；同时，对具有普适性的康养旅游进行规划，对老年人等特殊人群的康养旅游进行了有针对性的政策制定。此外，在政策中，云南省既充分考虑了自身的资源特点、发展基础和优势条件，又强调了新业态新模式的设计，尤其要求从事康养旅游的各种社会组织要以人民群众康养旅游的需求为出发点，康养旅游的供给端与需求端得以有机地结合。

云南省的一系列政策既体现出党和国家对康养旅游发展的要求，同时符合云南省的实际，在多种政策的合力推动下，云南省康养旅游必将取得巨大的发展。

二　客源市场分析

云南省康养旅游的发展要以满足游客的需求为目的，为此课题组采用线上与线下相结合的方式对 2021 年赴云南省体验康养旅游的游客进行了问卷调查，共计发放问卷 550 份，回收有效问卷 543 份，回收率达 98.7%。经筛选，对 353 份有效问卷进行了分析。

（一）人口特征描述分析

从性别和年龄来看，男女占比接近，25～45 岁的游客最多；从职业来看，民营企业职员占比相对较高，游客的职业类型多样；从客源分布来看，大部分为省外游客；从旅游支出来看，大部分游客愿意花费至少 3000 元前往云南省进行康养旅游（见表 1）。

表 1　人口特征描述分析

单位：人，%

特征	分类	人数	占比
性别	男	187	52.97
	女	166	47.03
年龄	25 岁以下	71	20.11
	25～45 岁	170	48.16
	46～60 岁	61	17.28
	61 岁及以上	51	14.45
职业	学生	64	18.13
	公务员、事业单位人员及国企职员	75	21.25
	民营企业职员	86	24.36

续表

特征	分类	人数	占比
职业	个体经营	43	12.18
	自由职业	70	19.83
	离职、退休人员	4	1.13
	其他	11	3.12
客源分布	省内	96	27.20
	省外	257	72.80
旅游支出	2000元以下	50	14.16
	2000～3000元	124	35.13
	3001～4000元	80	22.66
	4001～5000元	63	17.85
	5001元及以上	36	10.20

资料来源：问卷调查统计结果。

总的来看，中青年成为康养旅游的主力军，省外游客对云南省的康养旅游颇感兴趣，超过一半的游客倾向花费3000元以上进行康养旅游，这都在一定程度上显示了云南省康养旅游市场对广大游客有着较大的吸引力。

（二）旅游行为描述分析

从表2可以看出，更多游客是从互联网平台、朋友推荐以及广播电视等途径对康养旅游进行了解，而书籍、报刊、旅行社推荐等途径占比较小；游客感兴趣的康养旅游类型较为多元，但相比之下，森林康养受欢迎程度最高，对养生保健医疗（医学诊疗）感兴趣的游客最少；在选择、参与康养旅游的动机上，半数以上的游客是为了放松休息以及被优良的生态环境所吸引；游客在选择康养旅游目的地时，首先会考虑生态环境质量、自然风光，其次重点考虑养生项目及产品，较少考虑娱乐设施；从游客的停留时间来看，大部分游客愿意花费3天及以上的时间进行康养旅游；从游客的重游意愿上来看，绝大多数游客表示肯定或也许会再次到云南省进行康养旅游。

表 2 旅游行为描述分析

单位：人，%

问题	选项	人数	占比
您是从什么途径了解到康养旅游的（多选）	书籍	87	24.65
	报刊	78	22.10
	广播电视	138	39.09
	互联网平台	260	73.65
	朋友推荐	211	59.77
	旅行社推荐	113	32.01
您对哪些种类的康养旅游感兴趣（多选）	森林康养	230	65.16
	休闲娱乐、益智	195	55.24
	药膳食疗、养生宴	198	56.09
	养生保健医疗（医学诊疗）	127	35.98
	推拿、经络按摩、药浴	145	41.08
	温泉养生	190	53.82
您选择、参与康养旅游的动机为（多选）	放松休息	257	72.80
	生态环境优良	225	63.74
	养生产品吸引	158	44.76
	交通方便	122	34.56
	消费价格适宜	103	29.18
	娱乐设施丰富	89	25.21
	综合服务优良	142	40.23
您选择康养旅游目的地时考虑的因素是（多选）	自然风光	231	65.44
	生态环境质量	252	71.39
	养生项目及产品	186	52.69
	交通便利性	146	41.36
	消费水平	152	43.06
	娱乐设施	95	26.91
	综合服务质量	163	46.18
您停留的时间为	1~2 天	22	6.23
	3~4 天	117	33.14
	5~6 天	111	31.44
	7 天及以上	103	29.18

续表

问题	选项	人数	占比
	不会再来	2	0.57
您的重游意愿为	也许会来	205	58.07
	肯定会来	146	41.36

资料来源：问卷调查统计结果。

总的来看，赴云南省进行康养旅游的游客大多通过互联网平台来了解康养旅游，往往以放松休息为目的，愿意前往生态环境优美、自然资源丰富且优质的目的地进行康养旅游，并且愿意在康养旅游目的地停留较长时间，以充分体验当地的康养旅游特色。

（三）满意度分析

运用 DEMATEL-ISM 模型对康养旅游游客满意度影响因子进行研究，以递阶结构模型的三个层级为框架，分别调查每个层级下影响因子的满意度情况。各评价指标满意度情况分析见表3。

表 3 各评价指标满意度情况分析

单位：人，%

层级	评分 影响因子	1分 (A. 非常不满意)		2分 (B. 不太满意)		3分 (C. 一般)		4分 (D. 比较满意)		5分 (E. 非常满意)	
		人数	占比	人数	占比	人数	占比	人数	占比	人数	占比
基层指标	景观特色	5	1.42	2	0.57	16	4.53	189	53.54	141	39.94
	厕所卫生以及数量	3	0.85	11	3.12	84	23.80	159	45.04	96	27.20
	公共休息设施水平	2	0.57	16	4.53	70	19.83	169	47.88	96	27.20
	气温的舒适度	1	0.28	6	1.70	24	6.80	216	61.19	106	30.03
	地区海拔	1	0.28	16	4.53	95	26.91	150	42.49	91	25.78

续表

层级	评分 影响因子	1分 (A. 非常不满意)		2分 (B. 不太满意)		3分 (C. 一般)		4分 (D. 比较满意)		5分 (E. 非常满意)	
		人数	占比	人数	占比	人数	占比	人数	占比	人数	占比
中间层指标	景区内安全设施以及引导标志物	0	0	10	2.83	60	17.00	176	49.86	107	30.31
	康养旅游购物产品的价格	2	0.57	64	18.13	130	36.83	101	28.61	56	15.86
	餐饮的康养特色	0	0	1	0.28	33	9.35	171	48.44	148	41.93
	养生疗养等康养旅游项目	0	0	18	5.10	72	20.40	161	45.61	102	28.90
	康养旅游运动项目	3	0.85	20	5.67	88	24.93	148	41.93	94	26.63
	康养旅游购物产品的种类	1	0.28	18	5.10	64	18.13	159	45.04	111	31.44
	空气质量	1	0.28	5	1.42	12	3.40	143	40.51	192	54.39
	植被情况	1	0.28	7	1.98	17	4.82	172	48.73	156	44.19
顶层指标	养生疗养等康养旅游项目的安全性	1	0.28	8	2.27	57	16.15	174	49.29	113	32.01
	住宿价格水平	1	0.28	50	14.16	124	35.13	114	32.29	64	18.13
	景区的服务方式	0	0	6	1.70	63	17.85	170	48.16	114	32.29
	景区的投诉处理服务与咨询服务	1	0.28	11	3.12	83	23.51	162	45.89	96	27.20
	餐饮价格水平	2	0.57	44	12.46	126	35.69	99	28.05	82	23.23
平均水平		1.39	0.40	17.38	4.93	67.67	19.17	157.39	44.59	109.17	30.93

资料来源：问卷调查统计结果。

1. 基于递阶结构模型的影响因子分析

基层指标中，5个影响因子的非常满意度处于中等偏上水平，对气温的舒适度与景观特色非常满意的人数占比高于平均水平，对地区海拔非常满意的人数占比明显低于平均水平，对公共休息设施水平比较满意的人数占比较高。

中间层指标中，非常满意人数占比最高的空气质量与非常满意人数占比最低的康养旅游购物产品的价格相差38.53个百分点，不太满意人数占比超过平均水平的包括康养旅游购物产品的价格、康养旅游运动项目、养生疗养等康养旅游项目和康养旅游购物产品的种类。

顶层指标中，养生疗养等康养旅游项目的安全性与景区的服务方式的非常满意人数占比均略高于平均水平，住宿价格水平及餐饮价格水平的不太满意人数占比均远高于平均水平。

2. 基于五栏评价的影响因子分析

"非常满意"一栏中，人数占比最高的为空气质量，其次为植被情况。低于平均水平的指标有餐饮价格水平、住宿价格水平、康养旅游购物产品的价格等。

"比较满意"一栏中，各项指标的人数占比相对较为平均，人数占比较低的依旧是餐饮价格水平、住宿价格水平、康养旅游购物产品的价格，超过半数游客对景观特色、气温的舒适度比较满意。

各影响因子中，非常不满意人数占比均较低，其中景区内安全设施以及引导标志物、景区的服务方式、餐饮的康养特色以及养生疗养等康养旅游项目等因素实现了"零非常不满意"，也就意味着游客在这些方面较满意；非常不满意人数最多的影响因子为景观特色，其次为厕所卫生以及数量、康养旅游运动项目。

部分游客对康养旅游购物产品的价格、住宿价格水平、餐饮价格水平等不太满意。较少游客在评价餐饮的康养特色、景观特色时选择"不太满意"，其余影响因子的负面评价率相对处于较低水平。

总体来看，2021年云南省康养旅游游客的满意度较高，广大游客对云南省康养旅游的感受良好，但要对游客在价格等方面的不满意状况高度重视并积极地进行改进。

表4的数据再次表明，游客对云南康养旅游自然资源的满意度很高，对康养旅游项目的满意度也比较高，半数以上的游客对基础设施、交通通达性及康养旅游服务质量给予了肯定，但只有不到40%的游客认为康养旅游性价比高，这是游客满意度提升的重点。

表 4 游客评价情况

单位：人，%

问题	评价	人数	占比
您对康养旅游目的地的哪些方面感到满意呢？（多选）	康养旅游自然资源比较吸引人	259	73.37
	康养旅游项目完善	210	59.49
	基础设施方面，交通通达性高，康养旅游服务质量好	184	52.12
	康养旅游性价比高	133	37.68

资料来源：问卷调查统计结果。

（四）各州市满意度情况分析

如表 5 所示，满意度排名最高的为西双版纳傣族自治州，第 2 名为丽江市，第 3 名为大理白族自治州，第 4 名为迪庆藏族自治州，前 4 名的满意人数占比均在 70% 以上；排前 10 名的州市满意人数占比均达到 50% 以上，表明大多数州市具有较高满意度。从第 11 名起，不满意的人数均大于满意人数，在一定程度上反映了不满意的情况较为突出，将这些州市按满意度从高到低排序，最高为德宏傣族景颇族自治州，最低为文山壮族苗族自治州。

表 5 各州市满意度情况分析

单位：人，%

州市	满意人数	占比	满意度排名	不满意人数	占比
西双版纳傣族自治州	58	77.33	1	17	22.67
丽江市	168	76.02	2	53	23.98
大理白族自治州	136	71.96	3	53	28.04
迪庆藏族自治州	25	71.43	4	10	28.57
玉溪市	37	68.52	5	17	31.48
昆明市	156	67.53	6	75	32.47
怒江傈僳族自治州	56	61.54	7	35	38.46
红河哈尼族彝族自治州	48	60.00	8	32	40.00
曲靖市	42	58.33	9	30	41.67
保山市	25	52.08	10	23	47.92

续表

州市	满意人数	占比	满意度排名	不满意人数	占比
德宏傣族景颇族自治州	31	46.97	11	35	53.03
普洱市	17	39.53	12	26	60.47
楚雄彝族自治州	13	35.14	13	24	64.86
昭通市	17	32.69	14	35	67.31
临沧市	10	26.32	15	28	73.68
文山壮族苗族自治州	12	26.09	16	34	73.91

资料来源：问卷调查统计结果。

总之，2021年云南省康养旅游游客满意度处于较高水平，需要重点解决的是康养旅游购物产品、住宿、餐饮价格偏高的问题。游客对空气质量、植被情况、餐饮的康养特色非常满意，对景观特色、气温的舒适度比较满意，对康养旅游购物产品、住宿、餐饮价格的满意度较低。

同时，从地区来看，西双版纳傣族自治州是满意人数占比最高的地区，另外，丽江市、大理白族自治州、迪庆藏族自治州、玉溪市、昆明市均为游客量较大的目的地，且满意人数占比相对较高，同时这些州市的不满意人数占比较低。游客不满意人数占比较高的州市主要有德宏傣族景颇族自治州、楚雄彝族自治州、普洱市、临沧市、文山壮族苗族自治州等，这些地区的康养旅游规模较小，客流量相对较少，旅游基础设施、康养旅游产品的建设和开发力度较弱，因此要有针对性地提升游客满意度，加快全省康养旅游发展的步伐。

三 相关文献研究

云南省不仅要积极进行康养旅游的实践，还要大力进行相应的研究，以推动康养旅游的健康发展。2021年，许多学者继续开展有关全国康养旅游以及云南省康养旅游的研究，取得了一些有益的成果。本报告通过CiteSpace软件对中国知网（CNKI）中文期刊数据库中2020年和2021年与康养旅游相关的文献进行可视化分析，以比较分析的方式来反映2021年康养旅游的研究情况。

（一）全国康养旅游研究情况

1. 发文情况

以"康养旅游"和"健康旅游"为关键词，运用 CNKI 高级检索模式进行分析，检索时间范围分别为 2020 年和 2021 年，检索到的相关文献的数量如表 6 所示。

表 6 2020 年和 2021 年发文情况

单位：篇

年份	总发文量	核心期刊发文量	云南省相关发文量
2020	328	30	11
2021	441	19	11

资料来源：CNKI 调查统计结果。

从发文数量来看，相比于 2020 年，2021 年的总发文量显著增加，说明学者们越来越重视对康养旅游领域的研究，一些新的学术观点和一批重要文献涌现。2020 年以来，我国学者发表在核心期刊上的文献数量较少，且2021 年数量较 2020 年有所下降，这表明我国学者在研究深度、研究内容等方面还需进一步努力。

2. 研究热点与重点

从 2020 年和 2021 年关键词频次排序看，康养旅游、森林康养、健康旅游、康养产业等关键词频次较高（见表 7），这在一定程度上说明我国康养旅游往往通过与其他领域、业态等相互融合而实现发展，因而研究者自然把研究视野聚焦在这些方面。这一现象还表明，康养旅游研究与我国康养旅游相关政策有紧密的关系，如 2019 年我国出台《关于促进森林康养产业发展的意见》，2020 年我国将森林康养纳入国家战略和规划实施范围，2021年我国不断完善森林康养用地政策支持体系、正式发布四项森林康养团体标准、完成首批森林康养基地建设。同时，我国《中医药健康服务发展规划（2015—2020）年》明确提出要促进中医药健康旅游的发展，2021 年全国已经建成多个中医药健康旅游示范区和综合体。自 2016 年国家旅游局发布《国家康养旅游示范基地》行业标准以来，乡村康养旅游也开始逐步发展。

表7 2020年和2021年关键词频次排序

单位：次

	2020年			2021年	
排序	关键词	频次	排序	关键词	频次
1	康养旅游	73	1	康养旅游	153
2	森林康养	48	2	森林康养	46
3	健康旅游	22	3	乡村振兴	30
4	康养产业	18	4	康养产业	30
5	旅游业	10	5	健康旅游	29
6	康养小镇	10	6	乡村旅游	16
7	康养	9	7	产业融合	12
8	全域旅游	9	8	康养	12
9	森林旅游	8	9	生态旅游	12
10	健康中国	8	10	全域旅游	11
11	乡村旅游	8	11	中医药	10
12	中医药	8	12	旅游	10

资料来源：CNKI调查统计结果。

　　尤其要注意的是，2021年以来，乡村振兴、产业融合、生态旅游是重点研究内容。在国家支持发展新的旅游消费热点，以及支持有条件的地区发展生态旅游、体育旅游、健康旅游的政策引导下，乡村生态康养旅游成为乡村旅游、生态旅游、康养旅游融合发展的产物，形成"生态旅游＋康养""乡村旅游＋康养"双核驱动的新型发展模式。

　　从关键词共现图来看，与康养旅游相关的研究主题逐渐增加，2021年全国的研究内容较为丰富。首先，案例地研究增多，研究范围涉及全国多地，这可以被视为2020年案例地研究的延伸；其次，研究内容不断扩展，除讨论产业发展现状、产业发展策略与路径、业态融合模式、产品设计与开发等内容外，还新增了旅游产业融合、文旅融合、游客环境感知等主题，显示了康养旅游作为一种新业态，特点十分突出，涉及多种产业，面向更广泛的市场，要从需求侧入手了解游客对康养旅游产品的不同认知；最后，新业态研究不断增加，主要包括对康养酒店、森林康养公园、康养基地、养生社区、长寿村、国际健康旅游岛的研究，并且已有一些新业态落地，开始进入实际运营阶段，如国内首个世界级盐疗康养小镇、森林智慧康养小镇、温泉小镇相继落地，康养旅游产业内部业态呈现多样化，客观上要求理论界加强对新业态的成因、发展动力、市场需求、融合发展模式等方面的深入研究和分析。

3.研究主题聚类分析

从关键词聚类图来看，健康旅游一直是康养旅游的核心议题，产业融合发展也得到了较多的讨论。2021年，产业融合的讨论范围进一步扩大，不仅包括康养产业与旅游业、林业、农业的融合，还包括康养产业与运动产业，食品行业（绿色食品、茶叶、酒），以及智慧旅游产业的融合。2020年，研究者更加关注产业发展；2021年，研究者更加关注新业态。

（二）2021年有关云南省康养旅游的相关研究

在2021年发表的文献中，研究云南省康养旅游的一共有11篇，其中发表在核心期刊上的文献有2篇，如表8所示。

表8　2021年云南省康养旅游相关文献

标题	期刊/学位论文	核心期刊
《全域旅游背景下华坪康养旅游发展探索》	《营销界》	否
《云南绿色消费发展探析》	《西南林业大学学报》（社会科学）	否
《常态化防控下的旅游业发展挑战与机遇》	《社会科学家》	是
《滇中地区康养旅游资源的地域特征及其开发利用途径研究》	硕士学位论文，云南师范大学	否
《滇西地区康养旅游资源赋存及其利用途径研究》	硕士学位论文，云南师范大学	否
《昆明市森林康养旅游开发优势及对策》	《现代园艺》	否
《产业融合视角下中医药康养旅游产品开发研究——以云南石林杏林大观园为例》	《旅游纵览》	否
《打造世界一流"三张牌"　构建云南绿色发展新格局》	《社会主义论坛》	否
《健康旅游耦合协调度与空间分异研究——以云南省为例》	《生态经济》	是
《借势COP15推进云南中草药产业集群发展》	《创造》	否
《以康养旅游为特色的酒店园林景观施工——以云南某温泉度假为例》	《浙江园林》	否

资料来源：CNKI调查统计结果。

上述文献中，一些学者认为云南省发展康养旅游不仅是因为大健康产业的发展、疫情对健康意识的唤醒和人口老龄化导致的养老需求的激增，更重要的是云南省本身就具备良好的生态环境、丰富的旅游资源、优越的气候条件。2021年在昆明召开的联合国生物多样性大会也为云南省发展康养旅游带来了强大的推动力。从研究领域来看，大多数学者的研究重点主要为森林康养旅游、中医药旅游、温泉旅游三类。就森林康养旅游而言，昆明等城市拥有发展森林康养旅游的优势条件；就中医药旅游而言，昆明石林的杏林大观园已经获得文化和健康领域的双重荣誉，其他地区也在不断推进；就温泉旅游而言，云南省依靠温泉资源打造的温泉小镇、温泉度假酒店等，为广大游客带来了特色化的康养旅游体验。同时，专家们指出，目前云南省康养产业与旅游业融合的协调性较差，内驱力严重不足。

（三）云南省康养旅游研究特点及发展趋势

在国家政策的引导下，云南省依据自身资源特色积极作为，使得康养旅游获得了迅速发展，但从相关文献的发文量来看，康养旅游研究的增速稍慢，导致康养旅游研究滞后于康养旅游发展实践。为了促进康养旅游健康发展，深入落实健康中国战略和《云南省"十四五"文化和旅游发展规划》，经征询多位专家意见后，本报告推测未来云南省康养旅游研究可能呈现以下趋势。

1. 绿色消费产业研究有待加强

云南省提出要打造绿色能源、绿色食品、健康生活目的地"三张牌"，这一战略思想与康养旅游有着紧密的内在逻辑联系，相关研究大多将其作为背景，却忽略了对这"三张牌"之间的关系的研究。事实上，"三张牌"聚合发展是云南省康养旅游发展的强大动力。基于"绿色能源牌"可加强对旅游交通和住宿碳排放影响等方面的研究；基于"绿色食品牌"可加强对食疗旅游、绿色食品、中医膳食、健康生活方式的研究；基于"健康生活目的地牌"可加强对如何将旅游资源、生态资源、多元文化转化为绿色发展优势的研究。

2. 体育康养旅游研究亟须深化

近年来，云南省虽然高度重视体育与健康的融合发展，但是从产业发展的角度来看，尚未形成具有高原特色的运动康体旅游品牌。运动健康基础设施及其服务项目是康养旅游的重要载体，徒步、钓鱼、登山、瑜伽、太极等多样化的形式能满足多元化的健康需求。应充分立足云南省低纬度区位、立体气候明显的优势，加强对体育康养旅游产品的开发设计及其产业体系构建的研究。

3. 康养医疗旅游研究尚需深入

云南省虽然高度重视康养医疗旅游的发展，但相关研究表明，目前云南省康养医疗设施建设还有待加强，缺乏以大数据为支撑的智能医疗体系以及具有医疗专业知识和技能的导游或服务人员。匹配与协调医疗资源和康养旅游的发展，有望成为一个不容忽视的研究主题。

4. 环湖休闲旅游研究尚待挖掘

继 2019 年底云南省红河哈尼族彝族自治州石屏县建成最美高原环湖健康步道以来，当地环湖慢跑的居民和游客逐渐增多。2021 年，昆明滇池、大理洱海、玉溪抚仙湖以及一些中小城市的康养游客环湖慢跑已蔚然成风。云南省拥有许多独特的高原湖泊旅游资源，随着康养游客的增多，如何更好地利用高原湖泊旅游资源开展康养旅游，是云南省面临的现实难题，也是理论研究和应用的重要方向，未来应注重对环湖带康养价值及产品开发的研究。

四　投资及项目建设分析

康养旅游投资及项目建设对其发展有着十分重要的作用，鉴于资料的有限性，本报告特以下述几个企业或项目为代表，剖析 2021 年云南省康养旅游投资及项目建设情况。

（一）云南省康旅控股集团有限公司[①]

康旅集团是云南省委、省政府明确的全省文化旅游、健康服务两个万亿级产业的龙头企业和项目实施主体，其业务涵盖文旅、康养、城市开发

---

① 以下简称"康旅集团"。

与环保、产投与金融。截至 2021 年 6 月，康旅集团资产规模达 2600 多亿元，拥有国家 AAA 信用评级，是云南省最具有代表性的发展康养旅游的企业之一。

2021 年，康旅集团紧紧围绕省委、省政府确立的打造健康生活目的地的目标，推进创建国际康养旅游示范区，落实"健康云南行动"，业务涵盖医疗、医药、健康管理、康养地产等医学研、康养旅一体化全产业链。

康旅集团的"十四五"规划定位为：聚焦做优世界一流健康生活目的地，打造文旅、康养、城市开发与环保、产投与金融四大业务板块；创建国际康养旅游示范区，为云南经济社会高质量跨越式发展做出康旅贡献。四大业务板块发展康养旅游的侧重点各异，具体体现为：文旅板块以打造"半山酒店"品牌为重点，使"康旅基地"的一体化管理标准成为业界标杆；康养板块要打造"康旅社区"品牌，使康养服务的标准成为业界标杆；城市开发与环保板块重点在于打造至少一个品牌化的"康旅小镇+"项目，并形成标准化、可复制的产品线；产投与金融板块成立以文旅及康养为主题的产业投资基金，布局新赛道。

（二）丽江玉龙旅游股份有限公司①

丽江旅游作为云南省第一家旅游上市公司，在发展康养旅游上具备雄厚实力与丰富经验。2021 年，丽江旅游依据"立足丽江，辐射滇西北及云南，延伸拓展滇川藏大香格里拉生态旅游圈，放眼国内外优质旅游资源"的"十四五"发展战略，稳步推进康养旅游发展。

丽江旅游顺应旅游产业和消费转型升级的新趋势，抓住云南省和丽江市全力推进大滇西旅游环线、滇川藏大香格里拉生态旅游圈、世界文化旅游名城建设的政策机遇，积极布局滇川藏大香格里拉生态旅游圈，主动融入大滇西旅游环线，拓展金沙江旅游带，稳步推进泸沽湖摩梭小镇项目、玉龙雪山游客集散中心项目的开发。

经过不断努力，丽江旅游在康养旅游项目建设上收获颇丰：大香格里拉精品小环线布局基本完成，开始向市场推出"酒店+在地体验"深度体

---

① 以下简称"丽江旅游"。

验套餐产品；金沙江沿线系列山居精品民宿全面投入运营；积极探索推动玉龙雪山绿雪溪、拉市海、虎跳峡等旅游景区新产品的转型升级，这些项目的顺利建设有力地推进了云南省康养旅游的发展。

结合国内旅游消费需求多元化、个性化、品质化、高端化的转变趋势，丽江旅游将按照自身"十四五"发展战略，重点开展以下康养旅游工作。一是积极推进泸沽湖摩梭小镇项目。丽江旅游积极发展旅游新业态，将旅游文化与康养度假相结合。按照"统一规划、统一营销、优势互补、合作共赢"的原则，加大项目招商引资力度，积极寻找综合性旅游集团投资泸沽湖摩梭小镇项目，实现公司投资收益的增长；全面推进泸沽湖英迪格酒店、摩梭宫演艺及博物馆等子项目的建设。二是项目储备研发。丽江旅游在拉市海、金沙江旅游带等区域积极寻找旅游资源开发和整合投资机会，以投资新建、并购、资产整合或合作运营开发等多种方式积极参与上述区域的康养旅游开发，积极拓展滇川藏大香格里拉生态旅游圈，抢抓大滇西旅游环线发展机遇，建设特色化的康养旅游项目。

（三）保险企业康养旅游项目

由于人寿业务的开展，保险企业较早地意识到人们在健康、养老等方面的需求，纷纷推出与康养旅游有关的保险产品，如中国人寿保险推出的国寿福盈、国寿广源、国寿嘉年等养老理财产品，平安保险推出的医疗保险、儿童保险、孝心保险，太平洋保险推出的旅游险，等等。但这些产品实质上仍属于传统保险，与康养旅游的联系不太紧密。可喜的是，2021年，泰康人寿决定在昆明投资建设泰康之家"滇园"，"滇园"占地100多亩，投资数亿元，预计2年左右建成。"滇园"集居家生活、美食餐饮、医疗护理、文化娱乐、健身运动等全方位的服务与功能于一体，致力于打造世界级养老社区。这一社区搭建的"三甲医院临床诊疗＋社区配建二级康复医院＋CCRC持续关爱养老社区"三层次医养服务体系将全面提升社区居住者的健康质量。"滇园"与传统养老社区的不同之处就在于把旅游元素嵌入康养活动，即泰康之家的居民可申请在其他城市的泰康之家各居住1个月，遍游泰康人寿在全国建设的26个泰康之家，感受、体验全国不同地区的康养旅游文化。同时，享受这种康养旅游的人群可以是居住者指定的亲友，客观上形成了更大规模的游客群，使泰康之家的康养旅游效应得以扩散。泰康人寿在昆明建设的"滇园"，在一定程度上意味着云南省康养旅游发展达到了较高的水平，康养旅游的商业模式、产品开发也达到了新的高度，对其他康养旅游项目也有着积极的启发、示范作用。

（四）政府投资建设康养旅游基础设施

近年来，云南省各级政府通过多种渠道，对康养旅游基础设施进行投资建设，以促进康养旅游的发展。例如，2021年，为使滇池逐步恢复湖滨生态系统的良性循环，昆明市全力推进滇池湖滨生态恢复与建设工程，环滇池湿地日益增多，滇池初步构建了一个闭合的湖滨生态带，逐步建设成环滇池生态廊道，湖滨生态湿地功能得到初步恢复，该工程成为滇池保护治理中的一大特色和亮点。

根据昆明市住房和城乡建设局2021年印发的《环滇池生态廊道慢行系统第一阶段实施方案》，为了让市民亲近滇池、亲近自然、融入自然、享受自然，同时充分展示昆明"山、水、城"相融共生的独特自然人文风貌和城市品质形象，昆明市启动环滇池生态廊道慢行系统建设工作，将建设一条穿越星海、福保、宝丰3个半岛，长达10公里的环滇池生态廊道。环滇池生态廊道慢行系统包括生态步道、骑行道与外围步道三部分。生态步道为湿地内部道路，主要作用是将行人引入湿地，更好地体验自然生态，在具备直接连通条件的湿地与湿地之间，将设置生态主步道；骑行道与外围步道主要起到连通作用，利用环湖路以及高海公路等湿地外围道路设置；生态步道与外围步道间每隔一定距离进行连接，形成小循环。

环滇池生态廊道慢行系统将连接多个湿地及景观，集人文景观、山水园林、自然风光、运动休闲等于一体，体现了城市情趣，提高了城市品位，为昆明市打造全国康养旅游示范城市助力。同时，该系统与著名的上合昆明马拉松的路线有较多的交叉和重叠，形成优势叠加，可吸引更多国内外康养游客前来体验。

另外，2021年，昆明市还把翠湖车行线改造成"慢跑道＋行车道"，使得喜欢慢跑的康养游客有了特色化的运动场地。

除昆明市外，云南省红河哈尼族彝族自治州、大理白族自治州等地也把健康步道、骑行道等纳入城市建设，增添了许多大众化的康养旅游场所和设施。

总的来看，不管是企业还是政府，均在投资建设上给予康养旅游高度重视。在企业方面，康旅集团围绕四大业务板块推进康养旅游发展，形成医学研、康养旅一体化全产业链；丽江旅游在康养旅游项目建设上收获颇丰；多个保险企业纷纷推出与康养旅游有关的保险产品，丰富了康养旅游保险产品体系。在政府投资建设康养旅游基础设施方面，云南省多个州市政府在大健康产业以及康养旅游基础设施等方面进行投资建设，以促进康养旅游的发展。

五　各州市康养旅游发展情况分析

《2021 年云南省人民政府工作报告》明确提出，要持续打造健康生活目的地，创建国际康养旅游示范区。云南省各州市认真落实，因地制宜地制定相关政策，积极推进康养旅游发展。

从地区来看，滇中、滇东北、滇南、滇西、滇西北五大地区各具康养旅游发展特点，具体如表 9 所示。

表 9　2021 年云南省五大地区康养旅游发展特点

地区		康养旅游发展特点
滇中	昆明市	昆明市大健康产业蓬勃发展，产业结构不断优化，康养旅游发展迅速；昆明市围绕打造全国康养休闲和康养医疗示范城市品牌积极推进康养旅游发展，努力建设一批具有知名品牌和较强竞争力的养老机构，从而提高自身的康养城市知名度
	楚雄彝族自治州	楚雄彝族自治州在着力推进康养旅游度假区等重大文旅项目建设中取得丰硕成果，努力打造健康养生产业新业态新模式，将旅游业与生物医药、生态产品和健康养生等多产业深度融合，发展健康医疗旅游、森林康养、温泉康养、康养旅游度假区、特色康养小镇等，加快健康医疗旅游目的地的建设步伐
	玉溪市	玉溪市被列为全国健康城市试点城市，围绕建设国际高品质康养旅居新高地的定位，构建"健康+N"新业态，发展康养旅游，推动健康产业与旅游、体育、文化、教育等产业融合发展

续表

地区		康养旅游发展特点
滇东北	曲靖市	曲靖市培育了一系列康养新业态新产品，包括康养休闲度假、医疗康养以及绿色食品康养，旅游、医疗、康养多产业融合不断深入；同时，曲靖市明确提出"着力打造面向粤港澳大湾区和川渝黔的康旅基地"的发展使命，推动生态旅居、康养旅游、体育健身等产业融合发展，打响绿色、生态、健康品牌，加大马龙恒大养生谷、罗平大健康产业园等7项重大工程项目的建设力度，在创新中稳步推进康养旅游发展
	昭通市	昭通市不断完善功能配套，重点抓中心城市的康养设施建设，依托生态、气候、中医药等康养资源，发展特色诊疗、休闲康养等健康养生保健产业，加快推进康养旅游融合发展
滇西	保山市	保山市通过加大宣传营销力度，引进培育"温泉＋中医药"、森林温泉等一流康养服务品牌，不断丰富"世界高黎贡山·世界自然遗产——云南保山"旅游品牌内涵，全面打造保山康养旅游品牌形象
	德宏傣族景颇族自治州	德宏傣族景颇族自治州积极融入大滇西旅游环线，创建了两个省级旅游度假区，充分挖掘绿色生态、地热温泉等康养资源潜力，打造了一批集旅居、观光、休闲、体验等功能于一体的康养基地，并开始着重发展森林康养旅游，积极建设国家森林康养基地
	怒江傈僳族自治州	怒江傈僳族自治州调整结构、培育支柱，集中力量推进半山酒店建设、景区创建、重点旅游片区提升改造、产业融合发展等重点工作，为发展康养旅游提供良好基础；怒江傈僳族自治州规划打造10个森林康养基地，并打造"森林康养＋旅游＋文化"创意产品，催生旅游新业态；倡导新一代信息技术与康养旅游产业的融合应用，创新康养旅游服务模式；聚焦绿色香料产业与康养旅游的融合，加快形成集科研、种植、加工、展示、销售、旅游、康养于一体的绿色香料全产业链体系
滇西北	丽江市	丽江市包括康养旅游在内的大健康产业持续发展壮大，已经成为超百亿级的产业，成效明显；丽江市致力于把自身打造成"康养福地"，丰富旅游业态，开发休闲度假、生态旅居、养生、森林康养等健康旅游业态产品；推动健康产业与旅游融合发展，积极融入和服务滇西北文化养生旅游带
	大理白族自治州	大理白族自治州以"一带三道十八廊"为重点的"漫步苍洱"世界级康养旅游品牌打造取得初步成效，康养旅游发展态势喜人，正加快建设立足滇西、面向全国、辐射南亚和东南亚的文旅康养中心
	迪庆藏族自治州	迪庆藏族自治州加强康养旅游基础设施建设，着力进行大滇西旅游环线、香格里拉旅游环线的建设，在旅游交通基础设施建设上有了巨大进步，极大地提高了交通通达度，并建成了10家半山酒店，这一系列建设成果为康养旅游发展打下了坚实的硬件基础；同时，迪庆藏族自治州计划进行包括金沙温泉康养小镇在内的专项康养旅游项目的建设

续表

地区		康养旅游发展特点
滇西北	临沧市	临沧市康养旅游发展取得重要进展，荣获"国家森林城市""全国森林旅游示范市""中国十佳绿色城市"等荣誉称号；临沧市计划重点培育加工贸易、生物医药和大健康、高原特色现代农业、数字经济和文化旅游5个千亿级产业，为康养旅游的快速发展奠定更为坚实的产业基础
滇南	普洱市	普洱市围绕"养身、养心、养老"的要求，推进康养旅游产业融合发展，积极打造国际康养旅居目的地，建设康养旅游核心产品、康养旅游服务能力提升项目等重点工程
	红河哈尼族彝族自治州	红河哈尼族彝族自治州新增多个星级景区，建成运营11家半山酒店、15个森林公园与湿地公园，森林覆盖率进一步提高，生态环境质量得到明显改善，为发展康养旅游提供了良好的条件；红河哈尼族彝族自治州围绕"旅游＋"等新业态推动康养旅游的发展，将康养旅游这一新业态融入哈尼梯田世界文化遗产品牌，培育发展"哈尼梯田生态农业＋电子商务＋休闲旅游＋健康养老＋文化传承"等新业态；另外，红河哈尼族彝族自治州积极推进绿色低碳发展，从绿色意识与绿色生活方式两方面促进"天然氧吧城市"生态效应的持续释放，争创一批中国气候康养地
	文山壮族苗族自治州	文山壮族苗族自治州康养旅游产业体系逐步健全，其中，广南县获评"中国最美原生态康养旅游县"称号，丘北县、广南县荣获"中国天然氧吧"称号；文山壮族苗族自治州积极推动旅游和康养深度融合，立足生态资源、中医药资源、旅游资源、区位条件等优势，推动旅游、文化、医疗、养生养老等领域深度融合和协同发展
	西双版纳傣族自治州	西双版纳傣族自治州聚力打造区域康养度假休闲中心，提升康养旅居水平，构建融"自然资源、气候环境、度假产品、服务体系"为一体的"主客共享社区"，促进康养旅游产品多样化发展；西双版纳傣族自治州以"打造具有西双版纳特色的健康养生产业"为目标，进一步完善康养旅游产业链，开发特色康养产业，推动康养中心、小镇、度假区等项目落地，建设康养名城，形成以"生态旅游＋康养旅居"为特色的产业格局

资料来源：云南省文化和旅游厅及各州市文化和旅游厅。

　　总的来看，2021年，云南省各州市积极发展康养旅游产业，取得了可喜的成绩。其中，文山壮族苗族自治州、昭通市和迪庆藏族自治州的康养旅游基础设施建设与功能配套体系不断健全与完善；楚雄彝族自治州、怒江傈僳族自治州、德宏傣族景颇族自治州文旅产业融合进一步深入，促进了康养旅游产业的快速发展；昆明市、玉溪市、保山市和丽江市包含康养旅游在内的大健康产业蓬勃发展，成效显著；西双版纳傣族自治州和曲靖市不断推出康养旅游新业态新产品，在创新中稳步推进康养旅游发展；红河哈尼族彝族自治州和临沧市在森林康养旅游上取得重要进展；大理白族自治州"漫步苍洱"世界级康养旅游品牌打造取得初步成效。

同时，各州市在取得良好成绩的基础上，依托自身情况与资源特色，因地制宜地确定了各自的发展方向。其中，昆明市着重打造全国康养休闲和康养医疗示范城市品牌；玉溪市、曲靖市、大理白族自治州、普洱市在倡导推进产业融合的同时，积极面向全国和国际打造具有影响力的高品质康养旅居目的地；楚雄彝族自治州、昭通市、丽江市、怒江傈僳族自治州和文山壮族苗族自治州在积极推进多产业深度融合的基础上，充分挖掘康养资源潜力，构建"健康＋N"新业态，从多个领域发展康养旅游：楚雄彝族自治州、昭通市与文山壮族苗族自治州倡导发展医养结合的"中医药＋康养旅游"，丽江市依托自身优势发展森林康养、温泉康养、康养旅游度假区等，怒江傈僳族自治州则依托新一代信息技术开发森林康养新产品。另外，有的州市由于资源禀赋的特殊性，在康养旅游新业态选择上凸显别具一格的态势：怒江傈僳族自治州聚焦绿色香料产业与康养旅游的融合；红河哈尼族彝族自治州立足绿色低碳发展，争创中国气候康养地；保山市重点培育"温泉＋中医药"、森林温泉等一流康养服务品牌；西双版纳傣族自治州致力于形成以"生态旅游＋康养旅居"为特色的文旅产业格局；德宏傣族景颇族自治州着重发展森林康养，建设国家森林康养基地。相信在各州市的努力下，云南省康养旅游将进一步形成健康、快速、特色化的发展模式。

参考文献

金媛媛、王淑芳：《乡村振兴战略背景下生态旅游产业与健康产业的融合发展研究》，《生态经济》2020年第1期。

毛爱花：《乡村振兴战略与乡村生态旅游互动融合发展研究》，《山西农经》2022年第1期。

Ⅱ 产业篇

Industrial Reports

B.2

云南省康养旅游产业生态圈
构建路径研究

吕宛青　汪熠杰　樊建丽[*]

摘　要： 在人们对美好生活与健康生活的需求日益提升的今天，康养旅游受到业界和社会的广泛关注。然而，在康养旅游发展得如火如荼的同时，产业概念模糊、产业结构混乱等问题却极大地制约了康养旅游的深度发展。作为闻名国内外的避暑避寒胜地，云南省具有独特的康养旅游发展优势与潜力。为促进云南省康养旅游产业健康发展，本报告基于产业生态圈理论，对云南省现有康养旅游产业布局进行分析，探索了康养旅游生态圈的机理及构成要素，并从产业结构优化、产业生态圈构建角度对云南省康养旅游产业生态圈的构建路径进行了探讨。

[*] 吕宛青，博士，云南大学工商管理与旅游管理学院教授、博士生导师，主要研究方向为旅游经济、民族旅游；汪熠杰，云南大学工商管理与旅游管理学院博士研究生，主要研究方向为乡村旅游、旅游经济；樊建丽，云南大学工商管理与旅游管理学院硕士研究生，主要研究方向为民族演艺。

关键词： 康养旅游；产业链；产业生态圈；云南省

Study on the Path of Ecosphere Construction of Health and Wellness Tourism Industry in Yunnan Province

Lv Wanqing, *Wang Yijie*, *Fan Jianli*

Abstract： With the increasing demand for a better life and a healthy life, the health and wellness tourism has been widely concerned by the industry and the society. However, while the development of health and wellness tourism is in full swing, the vague industrial concept and the confusion of industrial structure restrict the further development of health and wellness tourism. As a famous summer and winter resort at home and abroad, Yunnan Province has unique advantages and potential for the development of health and wellness tourism. In order to promote the healthy development of Yunnan Province health and wellness tourism industry, this report analyzes the existing distribution of Yunnan Province health and wellness tourism industry based on the theory of industrial ecosphere, and probes into the mechanism and constituent elements of health and wellness tourism ecosphere, and discusses the health and wellness tourism ecosphere construction path of Yunnan Province from the industrial structure optimization and the industrial ecosphere construction aspects.

Keywords： Health and Wellness Tourism; Industrial Chain; Industrial Ecosphere; Yunnan Province

一　引言

随着经济收入与生活质量的提升，越来越多的中国居民开始关注康养服务和游憩消费。康养旅游作为一种结合健康养生和休憩娱乐的新兴旅游产业，完美地满足了当今社会日益增长的康养休闲需求，极大地提升了人民的生活质量。同时，随着健康中国战略的实施，康养旅游产业发展的重要性进一步得到凸显。《"健康中国2030"规划纲要》《关于促进全域旅游发展的指导意见》等重要文件多次对康复疗养、休闲养生等康养旅游产业的发展路径进行指示，康养旅游产业已然成为实现健康中国的重要途径。然而，康养旅游产业在蓬勃发展的同时，存在产业概念模糊、产业结构混乱等问题，发展效率还处于较低水平，产业潜力未得到充分释放。

由于拥有地理优势和气候优势，云南省一直是国际闻名的康养旅游胜地。中国旅游研究院发布的《2018年中国避暑旅游大数据报告》显示，昆明、丽江分别位居2018年全国最受欢迎避暑目的地榜单的第一、第二。在2019年中国康养大会发布的2019年中国康养城市排行榜50强名单中，云南省的多个城市上榜。由此可见，云南省具有良好的康养旅游产业基础与丰富的康养旅游资源。但随着云南省康养旅游产业发展的逐步深化，近年来，云南省康养旅游产业的许多结构性问题逐渐暴露。人才缺失、业态单一、投资夸大等问题已成为云南省康养旅游产业提质增效、优质发展的巨大障碍。因此，分析现有产业布局，优化产业结构，对云南省康养旅游产业的深度发展具有重要意义。

二　文献回顾

（一）产业生态圈

产业生态圈是以生态圈为基础，将生态学理论运用到人类社会商业活动的一个隐喻。生态圈源于生态学的生态系统概念，原指地球生态系统所构成的圈层。1993年，J. F. Moore借鉴生态系统概念提出了商业生态系统，并将其定义为一种在特定地域内形成的、以核心产业为主导的产业多维网络体系，是一种新的产业发展模式和布局形式。随着商业生态系统在学界的广泛应用，商业生态系统概念的外延逐步得到扩散，进一步发展出了产业生态圈概念。

产业生态圈概念的核心内涵依旧指向一个以核心产业为主导的多维网络体系。但与商业生态系统概念不同，产业生态圈概念包含的范围更广，不仅涵盖了某一特定商业市场，还包括了构成该市场的产业结构。徐浩然等学者对产业生态圈的构成机理进行了讨论，认为产业生态圈是市场和政府共同构建的有机产业系统。因此，在产业生态圈中，政府能在一定程度上引导产业系统发展，发挥对产业结构的监管作用。李晓华等学者对产业生态圈的构成要素进行了分析，认为一个完整的产业生态圈需包含创新系统、生产系统、应用系统和辅助系统四部分。施晓清、C. Lu、A. Gawer等学者得出了与李晓华等学者类似的结论，同时强调了产业链上各成员对产业生态圈构成的重要性。

通过分析产业生态圈的理论内核和构成特点可以发现，产业生态圈概念在分析区域产业构成和特定产业结构时有较强的适应性。因此，在研究产业链完善、产业结构优化等问题时，产业生态圈概念往往是绝大多数学者的首选理论。汪传雷等学者运用产业生态圈概念，对物流产业的系统构建和提质增效进行了分析；郭景福等学者从产业生态圈视角对民族旅游产业链的构建进行了讨论；马勇从旅游产业生态圈的视角对乡村旅游产业的构建及发展进行了探讨。

（二）康养旅游产业

康养旅游在国外市场发展较早，对国内市场而言，康养旅游依旧是一个新兴的旅游产业。近年来，中国康养旅游市场蓬勃发展、迅速增长，但与日益增长的康养旅游产业相比，学界中关于康养旅游的理论研究却略显单薄。在知网上以"康养旅游"为关键词进行搜索，可以发现与康养旅游相关的中文文献最早出现于2016年，并且尚未出现成系统的理论研究。理论滞后和康养旅游市场兴盛间的矛盾，使康养旅游产业在发展过程中出现了大量问题。

王赵是较早对康养旅游进行界定的学者，他认为康养旅游即健康、养生旅游，是一种建立在自然生态资源和人文文化资源的基础上，通过康体、休闲、娱乐等形式，实现旅游者强身健体、修身养性、医疗复健等目的的旅游活动。在国家旅游局发布的《国家康养旅游示范基地》行业标准中，康养旅游被定义为"通过养颜健体、营养膳食、修身养性、关爱环境等各种手段，使人在身体、心智和精神上都达到自然和谐的优良状态的各种旅游活动的总和"。徐红罡将康养旅游总结为健康和养生旅游的结合。任宣羽在徐红罡研究的基础上，结合国家相关政策文件和产业发展实际，将康养旅游定义为以良好物候条件为基础、以旅游休闲为形式、促进游客身心健康、带给游客快乐的专项度假旅游。

由于学界对康养旅游关注得较晚，现今关于康养旅游的研究主要停留在康养旅游内涵探索与康养旅游产业浅层分析方面。何莽从康养旅游特色小镇的需求出发，对康养旅游产品构成及产业构建重点进行了分析，他认为康养旅游产品应同时满足消费者的休闲、养生、娱乐需求，良好的物候条件应是康养旅游产品构成的核心。谢文彩等学者运用最邻近指数和核密度分析法对武汉市康养旅游产业的优化途径进行了讨论，认为武汉市可通过推动特色康养旅游、高端养老旅游、森林康养旅游、园艺康养旅游、生态康养旅游等的全方位发展，实现对康养旅游产业的优化。杨秀成等学者运用相似的方法对福建省的康养旅游发展动力进行了分析，发现物候资源、政府政策和医疗水平是促进福建省康养旅游发展的主要动力。黄琴诗等学者运用 CiteSpace 对国外康养旅游文献进行了分析，发现医疗旅游和养生旅游是国外学界研究康养旅游的两个主要维度，并且在这两个维度下，还可以继续细分出休闲旅游、康体运动、医美旅游等旅游业态。

无论是从深度还是广度来看，现今学界中的康养旅游研究还处于起步阶段。大多数研究只停留在康养旅游产业发展的浅层，对康养旅游产业结构特性、系统构成的讨论还较少。但综合现有文献研究结果可以发现，大多数文献都认为物候条件、医疗设施、康体产品是康养旅游产业发展的关键因素。可以相信，以这些关键因素作为切入点开展康养旅游产业结构研究，将得到更加深刻的结论。

（三）旅游产业生态圈

以新时代背景下的产业化、市场化、大数据为基础，产业生态圈概念逐渐被引入我国旅游业领域，以理顺旅游业聚集、发展及转型升级中的各种关系。马勇、周婵是较早提出旅游产业生态圈概念的学者，并在此基础上搭建了旅游产业生态圈的层次架构模型。马勇、周婵认为，旅游产业生态圈是一个主要由旅游直接企业与相关企业、相关行业机构、游客和生态环境构成的充满生命力的复杂有机整体，其生命力主要体现在内外部物质和能量的相互转换与流动以及外部环境的影响上。任皓、张梅认为，旅游产业生态圈是指在特定的地域范围内依托旅游产业实现资源开发、信息共享、环境改善、服务优化，形成以旅游主导产业为核心的、具有较强市场竞争力和产业可持续发展特征的地域产业多维网络体系。

根据马勇、周婵的观点，旅游产业生态圈的层次架构主要由旅游产业生态环境、旅游产业生态结构和旅游产业生态链三个圈层构成。其中，旅游产业生态链是圈层的核心，中间圈层的旅游产业生态结构是重要组成部分，外圈的旅游产业生态环境是基础条件。要素方面，旅游产业生态圈产生的物质和能量源是资金、信息、人才、政策和技术；生产者是旅游相关企业；消费者即旅游者；分解者即旅游行业机构；环境即围绕旅游产业发展的经济环境、政治环境、社会环境和生态环境（见图1）。

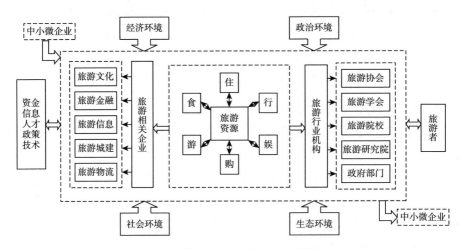

图1　旅游产业生态圈层次架构模型

资料来源：马勇、周婵《旅游产业生态圈体系构建与管理创新研究》，《武汉商学院学报》2014年第4期。

（四）康养旅游产业生态圈

尽管近年来康养旅游研究趋热，但目前将康养旅游与产业生态圈结合的研究尚在少数。

以产业生态圈概念为基础，李莉、陈雪钧认为，康养旅游产业生态圈是在一定地域范围内形成的、以满足康养旅游者消费需求为目标、以康养旅游产业为核心、具有动态开放性和关联融合性的地域产业多维网络体系。

类比康养旅游产业生态圈的各大要素，直接或间接满足康养旅游者消费需求的相关企业是该生态圈中的生产者；康养旅游者即消费者；公共服务是维持康养旅游产业生态圈有序运转的无形软件条件，基础设施是有形硬件条件；宏观环境涵盖政策、经济、社会、文化、技术环境等各个方面。

从现有研究成果来看，聚焦康养旅游产业生态圈进行研究的学者尚在少数，康养旅游产业生态圈之下各角色分工以及系统构建仍值得深入探讨。

三　云南省康养旅游产业现有问题分析

由于拥有地理优势和气候优势，云南省一直是国际闻名的康养旅游胜地。云南省地处我国西南边陲，具有丰富的自然风光资源、物候资源，多元的少数民族文化也为云南省增添了人文色彩。得天独厚的自然条件和丰富的人文资源为云南省发展康养旅游产业奠定了基础。坚实的产业基础和优越的资源条件使云南省康养旅游产业在近年来取得了喜人成绩，但随着产业的深入发展，一些问题开始逐渐暴露。

（一）人才缺失

康养旅游作为朝阳产业，发展得如火如荼，但和日益壮大的康养旅游市场相比，康养旅游人才建设显得十分不足。和普通旅游不同，康养旅游更注重旅游者在旅游过程中所体验的医疗服务、康体活动和养生休闲活动。康养旅游的活动内容决定了康养旅游人才应是具备医疗、康体、旅游等多方面知识的复合型人才。由于云南省的康养旅游产业起步时间较晚，产业后备人才培养不足，现今云南省康养旅游产业中的主要劳动力依旧是普通旅游从业人员。然而，由于缺乏医疗、康体等跨行业知识，普通旅游从业人员无法完全满足康养旅游消费者的康养服务需求。同时，由于云南地处边疆，其城市活力和发展前景要逊于沿海发达地区。在全国康养旅游产业迅猛发展的态势下，如何应对与沿海发达地区间的人才竞争、培养康养旅游人才，也是云南省康养旅游产业在进一步发展过程中需要考虑的问题。

（二）业态单一

从云南省的康养旅游消费市场来看，云南省的康养旅游产品还是以康养地产为主。无论是近年火热的康养小镇，还是数量众多的康养酒店、康养综合体，都属于康养地产。单一的康养旅游业态决定了云南省的康养旅游消费以门票消费及房屋租赁、销售为主。旅游者进行的康养旅游也以观光、住宿为主，缺少深度体验式活动。这种单一的康养旅游业态将加剧企业间的同质化竞争，降低市场消费潜力，让云南省康养旅游产业陷入困境。

（三）投资夸大

由于较大的市场潜力和政策红利，康养旅游产业已成为云南省近年的"金牛产业"，初步展现资源虹吸效应。但因产业发展时间较短、相关理论研究基础薄弱，云南省康养旅游产业开始出现大量投机行为，"搭便车"行为逐渐泛滥。部分企业为分得资源虹吸效应和政策红利的一杯羹，开发了一些不合理的康养旅游项目。更有企业借康养旅游政策便利，大肆圈地开发商业地产项目。康养旅游产业中泛滥的"搭便车"行为，严重影响了云南省康养旅游产业的市场秩序，夸大了康养旅游投资预期，增加了产业泡沫，对日后康养旅游产业的提升优化、深度发展造成了巨大风险。

四　康养旅游产业生态圈的机理与构建

（一）康养旅游产业生态圈结构

产业生态圈概念是以生物学中的生态系统概念为基础，对商业市场进行分析的范式。学者在分析产业生态圈的构成时，大多参照了生物学的相关概念，将其划分为生物和非生物两部分。其中，生物部分包括企业、消费者、供应商、经销商等市场经济活动主体，非生物部分则包括政策形势、社会经济环境、技术水平等市场外部因素。

产业生态圈的形成基础是超分工整合，但由于服务过程所具有的连续性，对于相关产业而言，完全意义上的超分工整合是不现实的。因此，普通意义上的产业生态圈概念并不能很好地适用于相关产业，还需针对康养旅游产业特点重新对产业生态圈概念进行梳理。

要梳理康养旅游产业生态圈结构，首先需要对康养旅游产业价值链中的相关者进行分析。生态圈形成的根本原因是能量传递，而产业生态圈形成的根本原因则是价值传递。旅游产业的价值来源于旅游活动，旅游活动则是由客源系统、目的地系统和通道系统等要素构成的动态系统，这些系统所涉及的利益相关者大致可分为旅游者、旅游企业、政府、社区居民和社会公众。借鉴生物学对生态圈构成的分类及徐艳梅对产业生态圈进行的划分，本报告认为康养旅游产业生态圈也可分为生物和非生物两大部分。其中，生物部分包括康养旅游企业、旅游者、社区居民，非生物部分包括政府和社会公众。图2展示了康养旅游产业生态圈结构。

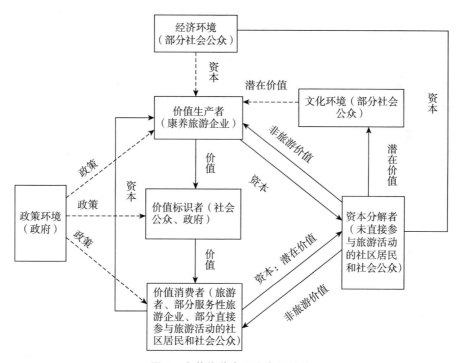

图2　康养旅游产业生态圈结构

（二）康养旅游产业生态圈构成要素

基于图 2 所展示的康养旅游产业生态圈结构，本部分将对康养旅游产业生态圈的构成要素进行讨论。

在康养旅游产业生态圈中，价值是能量，物质是资本。一个完整的、科学的康养旅游产业生态圈需实现价值传递、物质循环。

1. 康养旅游产业生态圈中的价值生产者

康养旅游产业生态圈形成的根本原因是价值传递，因此，康养旅游产业生态圈中的价值生产者应该是创造价值、固定价值的活动者，即价值传递链中的起点。康养旅游价值源于康养旅游资源，尽管康养旅游资源是客观存在的，但在很多情况下都需要通过开发挖掘其潜在价值，进而使其成为旅游吸引物。因此，康养旅游产业生态圈中的价值生产者应是康养旅游企业。需要注意的是，这里的康养旅游企业特指进行康养旅游产品开发或康养旅游资源挖掘的企业，不包括旅行社、旅游中介等服务性旅游企业。

2. 康养旅游产业生态圈中的价值标识者

康养旅游市场和一般商业市场不同，具有生产和消费同一性，只有当康养旅游产品和消费者同时在场时，康养旅游产品的价值才能被消费。因此，还应存在一个中介来消除价值生产者和价值消费者之间的空间、时间间隔，本报告将这个中介称为价值标识者。N. Leiper 所构建的旅游吸引物系统由核心吸引物、旅游者、旅游标识物三大部分构成（见图 3）。其中，旅游标识物是核心吸引物的表现体，是可被感知且携带的旅游产品符号；旅游标识物的存在让核心吸引物和旅游者间形成一个完整的信息传递过程，使旅游价值能被大量旅游者所感知。

在康养旅游产业生态圈中，价值标识者是指将价值生产者的产品传递给消费者的要素，大多数的价值标识者实际上不传递旅游价值，而传递信息价值等非旅游价值。因此，康养旅游产业生态圈中的价值标识者主要包括社会公众及政府。

3. 康养旅游产业生态圈中的价值消费者

康养旅游产业生态圈中的价值消费者是对康养旅游产品进行消费的旅游活动群体，既包括旅游者，也包括部分服务性旅游企业及部分直接参与

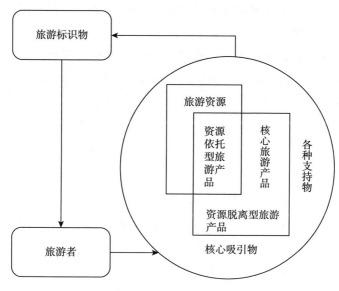

图 3　旅游吸引物系统

资料来源：N. Leiper，"Tourist Attraction Systems，" *Annals of Tourism Research* 3 （1990）：367 - 384.

旅游活动的社区居民和社会公众。康养旅游产业生态圈中价值消费者的活动应是围绕康养旅游产品进行的，进行活动的直接原因是康养旅游产品所携带的价值，如果康养旅游产品不存在，康养旅游产业生态圈中的价值消费者也将不存在。在对康养旅游产业生态圈中的价值消费者进行分析时，需注意社区居民这一群体。部分社区居民进行的康养旅游活动与服务性旅游企业所进行的活动有很大的重合，都是通过康养旅游产品获取利益。

4. 康养旅游产业生态圈中的资本分解者

康养旅游产业生态圈中的资本分解者由未直接参与旅游活动的社区居民和社会公众组成。生物学中分解者的主要职责是促进物质循环，康养旅游产业生态圈中资本分解者的主要作用则是促进资本循环、价值补偿。

资本循环是指康养旅游产业生态圈中的资本回流，价值补偿则指将潜在价值注入康养旅游产业生态圈，让价值生产者利用潜在价值创造新产品。资本分解者的存在使整个康养旅游产业生态圈成为一个稳定的循环系统。

未直接参与康养旅游活动的社区居民是资本循环的主要承担者。这部分社区居民通过向价值消费者提供除旅游活动外的社会服务（如饮食、住宿、交通等）来分解康养旅游产业生态圈中的资本，而后又通过日常社会活动让资本回流到康养旅游产业生态圈中。

社会公众则主要承担价值补偿的作用。根据巴特勒的产品生命周期理论，康养旅游产品的消费价值会呈现一种倒 S 形的生命周期曲线。因此，当康养旅游产品进入衰退期时，就需要新的潜在价值进入康养旅游产业生态圈，供价值生产者生产新的康养旅游产品。社会公众的需求和价值导向引导了康养旅游产品的开发，社会公众的潜在需求和消费意愿对康养旅游产业生态圈中的价值进行了补偿。

5. 康养旅游产业生态圈中的无机环境

康养旅游产业生态圈中的无机环境主要是指政府和部分社会公众。政府在康养旅游产业生态圈中主要影响政策环境，部分社会公众则在康养旅游产业生态圈中影响经济环境和文化环境。在生物学中，无机环境主要指生物生存所需的基础环境。而在康养旅游产业生态圈中，各利益主体的经济活动受政策环境、经济环境和文化环境影响。政府通过制定政策来影响政策环境，部分社会公众通过直接投资或舆论等手段来影响经济环境和文化环境。

五 云南省康养旅游产业生态圈构建路径

（一）提升云南省康养旅游企业数量

作为康养旅游产业生态圈中的价值生产者，康养旅游企业承担了价值创造和传递的重要任务。只有当康养旅游产业生态圈中的价值生产者数量足够多、生产效率足够高时，康养旅游产业生态圈才能持续发展。尽管云南省康养旅游已发展了较长时间，产业已具备一定发展基础，但从产品的创新程度和迭代程度来看，云南省现有的康养旅游产品还不能较好地维系康养旅游产业生态圈的健康可持续发展。因此，云南省康养旅游产业生态圈亟须引入大量的具有较高创新能力的康养旅游产品生产、研发企业。需要注意的是，由于康养旅游产品的特性，其在生产、研发过程中将涉及医疗、医药、体育等较多企业，故引入的企业不能局限于旅游相关企业，还应包含医疗、医药、体育等全方位的大健康相关企业。

（二）规范云南省康养旅游营销宣传

康养旅游产业生态圈中的价值标识者担任了联系康养旅游产品和价值消费者的作用。由于现今云南省康养旅游市场中价值标识者的缺失与营销环境的不规范，大多数云南省康养旅游产品都面临目标客户不明确和过度宣传的问题。目标客户的不明确使康养旅游企业生产的康养旅游产品无法被消费者了解，极大地影响了康养旅游企业的经营效率。同时，由于营销环境不规范问题的存在，部分康养旅游产品出现了夸大功效、虚假宣传的现象。这些问题都对云南省康养旅游产业的发展造成了较大影响。

此外，云南省康养旅游产业生态圈中的价值标识者还具有提升市场透明度、减少信息不对称风险的作用。康养旅游产业作为一个新兴产业，由于发展的不充分与不成熟，在发展过程中仍存在较多的信息不对称问题。引入价值标识者能更好地披露市场信息，拉近价值消费者与康养旅游企业的距离，从而极大地减少信息不对称问题。

（三）出台康养旅游发展政策和规范标准

如同无机环境对生物生态圈的作用，康养旅游发展政策和规范标准为云南省康养旅游的发展提供了重要的外部保障。现今云南省康养旅游市场中出现的人才缺失和投资夸大等问题，在很大程度上是相关政策的缺失与错位造成的。云南省康养旅游产业生态圈中人才培养、产业发展相关政策缺失，使康养旅游发展的政策支撑不足、市场外部环境吸引力不够，进而使云南省康养旅游产业的竞争力下降。规范标准的缺失则让云南省康养旅游市场缺少发展规范与管理标准，进而使云南省康养旅游市场中的投机行为、欺骗行为、过度竞争行为凸显，极大地加剧了云南省康养旅游市场中的道德风险和泡沫危机。因此，出台相应的康养旅游发展政策和规范标准、改善云南省康养旅游产业生态圈的政策环境是十分必要的。

（四）强化公众康养旅游意识

康养旅游产业生态圈中的价值消费者是整个康养旅游产业生态圈中最

关键、最活跃的因素，也是圈态构建及运营的核心推动力。我国传统的康养旅游主要面向银发市场，现今国民康养意识普遍提升，康养旅游迎来发展契机。在健康中国战略的支持下，康养旅游市场的潜力值得深挖，其中关键的一步就是强化公众的康养旅游意识。

云南省应当逐步在社会树立大健康的理念，不仅关注身体健康，更应关注心理健康，强调阳光、积极向上的健康心态。一方面，针对不同的目标群体，差异化倡导健康理念。例如，针对中老年人，强调疾病预防；针对青年人，注重心理健康。另一方面，应当打造并借助"慢生活"的标签，以闲适舒缓的社会节奏和淳朴的民风吸引旅游者，使其切实感受到健康、放松的旅游氛围。

（五）扩大康养旅游市场规模

市场是康养旅游产业生态圈发展的"土壤"，是康养旅游产业生态圈活动产生的根基。把康养旅游市场打开，让产品"走出去"，把游客引进来，是云南省发展康养旅游产业、构建可持续发展的康养旅游产业生态圈的重点。

扩大康养旅游市场规模，要以客户定位和市场细分为前提，按其康养需求进行区分，并有针对性地开发相关产品。例如，健康人群侧重获得高品质的休闲旅游体验，市场应当有针对性地开发文化、养生、休闲度假类产品。此外，云南省要基于自身资源，如气候、温泉、社会文化、民族医药、生物资源等进行市场构建和拓展，形成差异化竞争力。

六　小结

总的来说，由于拥有较大的资源优势和较好的前期基础，近年来云南省康养旅游产业的发展取得了一定成绩。但由于产业结构的不完善，云南省康养旅游产业的发展仍存在一些问题。产业生态圈概念倡导将区域产业看作网状的生态系统进行研究，产业生态圈的构建能在较大程度上完善区域产业结构、增强系统的稳定性。云南省康养旅游产业存在的结构问题，通过康养旅游产业生态圈的构建能得到较好的解决。针对康养旅游产业的特点，本报告对康养旅游产业生态圈的结构特点和构成要素进行了分析，并对云南省康养旅游产业生态圈的构建路径进行了简要探讨。相信通过康养旅游产业生态圈的构建，云南省的康养旅游产业必将得到进一步发展。

参考文献

韩祺：《发展产业生态圈打造信息产业新增长点》，《宏观经济管理》2016年第7期。

徐浩然、许箫迪、王子龙：《产业生态圈构建中的政府角色诊断》，《中国行政管理》2009年第8期。

李晓华、刘峰：《产业生态系统与战略性新兴产业发展》，《中国工业经济》2013年第3期。

施晓清：《产业生态系统及其资源生态管理理论研究》，《中国人口·资源与环境》2010年第6期。

汪传雷、张岩、王静娟：《基于共享价值的物流产业生态圈构建》，《资源开发与市场》2017年第7期。

郭景福、解柠羽：《生态视角下民族地区特色产业发展路径研究》，《云南民族大学学报》（哲学社会科学版）2016年第1期。

马勇：《助推乡村振兴：旅游产业生态圈的核心价值与构建路径》，《社会科学家》2019年第3期。

王赵：《国际旅游岛：海南要开好康养游这个"方子"》，《今日海南》2009年第12期。

任宣羽：《康养旅游：内涵解析与发展路径》，《旅游学刊》2016年第11期。

何莽：《基于需求导向的康养旅游特色小镇建设研究》，《北京联合大学学报》（人文社会科学版）2017年第2期。

谢文彩等：《武汉市康养旅游地空间布局及其优化研究》，《华中师范大学学报》（自然科学版）2018年第1期。

杨秀成等：《福建省康养旅游资源空间分布特征及其影响因素研究》，《福建师范大学学报》（自然科学版）2019年第5期。

黄琴诗等：《国外康养旅游研究的转型与趋势——基于英文文献的计量分析》，《林业经济》2020年第2期。

任皓、张梅：《"互联网＋"背景下西部旅游产业生态圈建设研究》，《生态经济》

2017 年第 6 期。

李莉、陈雪钧：《基于共享经济的康养旅游产业生态圈构建》，《学术交流》2020 年第 6 期。

施振荣：《联网组织——知识经济的经营之道》，生活·读书·新知三联书店，2000。

王德刚、贾衍菊：《成本共担与利益共享——旅游开发的利益相关者及其价值取向研究》，《旅游科学》2008 年第 1 期。

王德刚：《权利、利益、道德——关于旅游的本体论思考》，载中国旅游研究院编《中国旅游评论 2011》，旅游教育出版社，2011。

谢彦君：《基础旅游学》，中国旅游出版社，2004。

徐红罡、王珂：《康复性流动视角下的健康与养生旅游研究展望》，《旅游导刊》2018 年第 6 期。

郭龙军、徐艳梅、程昭力：《r 选择 - K 选择、生态位及企业协同进化》，《管理现代化》2005 年第 2 期。

J. F. Moore，"Predators and Prey：A New Ecology of Competition," *Harvard Business Review* 3（1993）：75 - 87.

C. Lu，K. Rong，J. Y，et al. ，"Business Ecosystem and Stakeholders' Role Transformation：Evidence from Chinese Emerging Electric Vehicle Industry," *Expert Systems with Applications*（2014）.

A. Gawer，M. A. Cusumano，"Industry Platforms and Ecosystem Innovation," *Journal of Product Innovation Management*（2014）.

B.3
康养旅游发展路径研究

陈　昕　汪熠杰[*]

摘　要： 在乡村振兴和健康中国两大战略背景下，发展乡村康养旅游产业能激发乡村的内生发展动力，满足人民的健康需求，进而成为实现乡村振兴战略的"加速器"。为更好地分析乡村康养旅游发展的核心，指导乡村康养旅游发展，本报告对乡村康养旅游的发展路径进行了分析，以期为乡村康养旅游发展提供指导和建议。

关键词： 康养旅游；乡村振兴；政策建议

Study on the Development Path of Rural Health and Wellness Tourism
Chen Xin，Wang Yijie

Abstract： Under the background of rural revitalization and healthy China，the development of rural health and wellness tourism industry can stimulate the endogenous development of rural areas and meet people's health needs，and then become the "accelerator" of rural revitalization strategy. In order to better analyze the core of the development of health and wellness tourism in rural areas and guide the development of health and wellness tourism in rural areas，this report analyzes the development path of health and wellness tourism in rural areas，with a view to provide guidance and suggestions for the development of health and wellness

---

[*] 陈昕，博士，云南大学工商管理与旅游管理学院副教授，主要研究方向为康养旅游、遗产旅游、旅游经济；汪熠杰，云南大学工商管理与旅游管理学院博士研究生，主要研究方向为乡村旅游、旅游经济。

tourism in rural areas.

Keywords：Health and Wellness Tourism；Rural Revitalization；Policy Recommendations

一　引言

乡村振兴战略的提出为未来乡村的建设发展指明了方向。乡村产业兴旺发达是乡村振兴的建设核心和重要内容。要激发乡村产业发展的内生动力，需贯彻新发展理念，在依托乡村特色资源优势的基础上，强化创新引领，促进乡村一二三产业融合，培育发展新产业、新业态，着力构建现代乡村产业体系。

《"健康中国2030"规划纲要》《促进健康产业高质量发展行动纲要（2019—2022年）》为康养旅游产业的发展指明了方向，十项重点工程强调了健康服务的跨界融合发展，医养结合、康养结合、体医融合等理念的提出促进了康养旅游产业的发展；健康旅游示范基地建设、国家中医药健康旅游示范区（基地）建设稳步推进；打造了一批以体检、疾病治疗为主的实体型高端医疗园区，进一步对接国际医疗标准；推出了一批体验性强、参与度高的中医药、康复疗养、休闲养生等健康旅游路线和产品。

在乡村振兴和健康中国两大战略背景下，发展康养旅游产业能激发乡村的内生发展动力，满足人民的健康需求，进而成为实现乡村振兴战略的"加速器"。因此，有必要对康养旅游发展路径进行研究。

二　康养旅游的内涵

（一）以自然医学理念解读康养旅游

陈子晨、李祥臣等学者的研究已指出，自然医学是发挥自我的主观能动性，依靠一个有效的工具或方法，以自我诊断、自我治疗、自我康复为目的，实现延年益寿、祛病健体的一套理论。由此，以自然生长的生物和矿物作为药物治病的中医（蒙医、藏医），以及世界各国、各民族使用的各种非化学合成药物、非手术医疗方法，均为自然医学。虽然自然医学产生时间较早，但这一术语在近几十年才被使用。值得一提的是，"自然疗法"是与"自然医学"密切相关的概念，彭红霞、袁冰等学者的研究指出，自然疗法虽然在理论层次上从属于自然医学，但在实际中两者几乎是同义语。用自然医学理论指导日常生活以保持健康，又称自然保健法。现代自然医学理论、方法较多，较盛行的有温泉、森林、饮食、睡眠、音乐、生物反馈、按摩、运动、针灸等，且每种方法均有理论体系和派别。自然医学对保护自然环境、维护生态平衡、节能、维护人类健康等许多方面均有重要的意义。

康养旅游是在现代旅游业发展过程中出现的一种新型旅游方式，简而言之，就是"健康和养生旅游"。随着人们的物质文化需求和美好生活需求日益增长，越来越多的游客不再满足于常规的依赖医疗康复技术或良好生态环境资源的康养旅游，而是希望体验具有特色的康养旅游产品，以达到内在心理的满足和精神境界的提升。康养旅游可以具体分为物质层面和精神层面，分别对应"身"和"心"。好的康养旅游产品不仅追求身体上的康复疗养，更追求心灵上的滋养和精神上的提升。要寻求康养旅游的新突破，首先需要明确康养旅游并非针对某些人群的特定旅游形式，而是一种面向全民的多样化旅游形式。随着现代社会有关环境、健康、心理和精神的问题不断出现，人们日益关心自己的生活质量和身心健康。此外，康养旅游的市场客群是全龄化的，包括妇幼、青少年、中老年等。

基于上文所述，自然医学和康养旅游都注重身心的治愈，并且重视自身与自然合一，从而达到愉悦身心、预防疾病的目的，两者之间关系密切，理解自然医学理念对于思考康养旅游的内涵具有重要意义。自然医学与康养旅游的概念内涵见表1。

表1　自然医学与康养旅游的概念内涵

自然医学	康养旅游
自然医学强调整体观念，重视身体、精神、情绪、社会因素和环境对人的综合影响；倡导健康、平衡的生活方式，是疾病治疗过程中的重要部分	"康养群体＋青山绿水"⇒健康

续表

自然医学	康养旅游
充分运用大自然所赋予的各种资源，使用安全和有效的自然疗法来提高人体自身恢复身心健康的能力	以自然的力量疗愈身心
自然医学对健康者而言，是预防和保健；对患者和亚健康者而言，是治疗康复与调整平衡	康养，每个人都需要

资料来源：作者自行整理。

（二）"康养＋旅游"的概念复合与功能融合

在健康和旅游的双重需求下，国家政策着重支持"康养＋旅游"的新型旅游发展模式。康养旅游作为新兴的旅游业态，是旅游资源利用新形势下的有效探索。

"康养"是指通过运动、健身、休闲、度假、养老、养生、医疗等多种功能，使人在身体、心灵、生活、社会适应等方面处于一种健康状态。康养产业涵盖范围更加广泛，包括养老、养生、医疗、文化、体育、旅游等诸多业态。旅游强调体验性和互动性的产品设计，通过深度的文化挖掘帮助消费者与旅游目的地建立精神连接。"康养旅游"包含康复医疗、中医药养生、体育健身等内容。"康养＋旅游"的概念复合与功能融合为康养旅游的发展奠定了基础。"康养＋旅游"的概念及功能见表2。

表2 "康养＋旅游"的概念及功能

概念	功能
医疗健康服务	康复治疗、精准医疗、体检、医美、中医治疗、心理咨询、特色专科等
非医疗健康服务	养生保健、运动休闲、营养食疗、禅修、瑜伽等
养生	
养老	"健康养老＋旅居养老"的功能叠加与形式融合
休闲娱乐	旅游是精神消费的载体，愉快的旅游是保持和恢复身心健康的"良药"
养心	

资料来源：作者自行整理。

三 康养旅游的意义

（一）经济意义

1. 产业发展

随着我国人民生活水平的提高和社会主要矛盾的变化，加上现代人所面临的工作和生活压力，人们对生活质量以及身心健康等方面的关注度越来越高，对健康养生休闲度假的需求也日益增长，人口老龄化趋势为康养旅游产业发展创造了潜在的巨大市场空间。同时，中青年群体成为康养旅游的重要潜在客群。康养旅游的发展顺应了市场的变化和健康产业发展的趋势，多元产业融合发展有助于促进城乡融合发展，凸显产业集群效应，让度假、疗养、养老、保健等产业融合，形成现代产业集聚的局面。同时，康养旅游的发展促进了产业结构的优化升级，推动了资源优势转化为经济优势，实现了经济、社会、生态的和谐发展，推动了旅游业、住宿和餐饮业、医疗服务业等相关行业的发展，促进了当地产业的多元化发展。

2. 旅游升级

经过旅游业自身的发展和社会发展，我国的旅游市场正在发生巨大而深刻的变革，散客时代和旅游休闲时代的来临，让原来单纯的观光旅游不再能满足游客们的需求，游客们更加注重旅游过程中的体验、旅游环境的舒适度以及个性化的消费需求。因此，培育新型旅游业态、发展健康养生休闲度假旅游是适应旅游新业态的迫切需要。康养旅游是旅游新业态的重要组成部分，它的发展有助于完善健康养生产业链，打造健康养生休闲度假特色旅游产品，丰富旅游服务业态，推动当地旅游市场进一步发展。

3. 消费升级

就目前我国的旅游消费来看，旅游六要素（吃、住、行、游、购、娱）的各项消费中，吃、住等强制性消费占比一直较大，游、娱等自主性消费占比却相对较小。要提高发展质量、促进消费升级，关键就是要实现转型。康养旅游是促进旅游业高质量发展和消费升级的重要方式，相对于传统的观光旅游而言，其消费者有着停留时间更长、消费能力更强、重游率更高等特点，这些消费特点是助力旅游业高质量发展和消费升级的重要切入点。

4. 经济发展

康养是经济社会发展的重要标志，在这个阶段，健康、快乐、幸福、养生成为人们日益关注的内容，需要专门的知识、产品、设施和服务，养生产业应运而生，其规模不断扩大、地位不断提升、水平不断提高、影响不断增强。康养旅游的发展在很大程度上会推动地区经济发展，不仅能够提升地区经济发展的活力，促进地区产业结构转型升级，而且能优化供给侧结构性改革，提高产业竞争力，更能够激活庞大的市场消费需求，促进地方经济的高质量发展。除了带动地区经济增长之外，康养旅游实现了"绿水青山就是金山银山"的可持续发展之路。

（二）社会意义

1. 民生保障

康养旅游涉及的产业较多，其发展会带动地区基础设施和医疗的发展。同时，健康服务业作为其中最为重要的一个部分，能够发挥社会健康保障功能，不断提高所在区域的医疗水平与健康服务水平。同时，发展康养旅游有着重大的意义，能够提升人们的生活质量和幸福感，同时带动地区的经济发展，为人们提供更多符合需求的康养旅游产品，帮助人们收获健康和幸福。

2. 促进就业

康养旅游产业链较长、就业容量大，带动力量也较强，它涵盖了养老、旅游、医疗、食品等多个产业，需要大量的管理和服务人员，对拉动地区就业具有非常重要的作用。康养旅游的发展体现了产业融合发展与提质升级，有助于促进城乡之间的协调发展，为当地提供更多的就业机会，实现就地就业并提高人口职业素质。同时，将康养旅游发展与乡村振兴相结合，可以带动市场经济与消费需求的有机结合，带动相关产业同步发展，稳定本地就业，带动群众增收致富。产业融合发展对就业人员的素质要求也相对较高，这促使从业人员的职业能力和专业素养向更高水平发展。

3. 绿色发展

康养旅游以良好的生态环境为首要资源，干净的水资源、优美的自然景观等都是发展康养旅游必不可少的因素。因此，康养旅游有助于绿色经济的发展和生态环境的保护。发展康养旅游，不仅是推进产业转型升级的需要，也是加快供给侧结构性改革、实施乡村振兴战略、推动旅游业高质量发展的需要。康养旅游产业充分体现了"创新、协调、绿色、开放、共享"的发展理念。

四　康养旅游的主要类型

（一）田园康养旅游

1. 田园康养旅游的内涵

田园康养旅游是指以田园风光为主要旅游资源，同时提供旅游、养生、养老、旅居等康养服务的旅游方式。从本质上来说，田园康养旅游是一种综合多种新业态的新型旅游模式。

2. 田园康养旅游的发展意义

（1）助推乡村产业融合发展

田园康养旅游的发展可以促进乡村一二三产业的融合发展，实现乡村的产业融合并提高产品的附加值。

（2）助推乡村传统产业创新发展

田园康养旅游作为一种新兴的综合性产业模式，具有产业链长、涉及面广、涉及技术多等特点。在此背景下，发展田园康养旅游可助推乡村产业创新，加强传统农业、加工制造业等相关特色产业的创新发展。

（3）助推乡村创业

田园康养旅游具有广阔前景，其发展必将带动乡村创业，更多村民、返乡农民工、科技人员、高校毕业生以及企业将加入田园康养旅游创业的队伍。届时，大量的资金、技术与资源将聚集在乡村，进而为乡村奠定良好的创业基础，而田园康养旅游相关产业也将成为乡村创业的广阔平台。

（4）助推乡村绿色和谐发展

田园康养旅游是实现乡村绿色、可持续发展的路径选择。一方面，田园康养旅游要求保护自然生态，以维持产业的可持续发展；另一方面，旅游者能为乡村发展带来可观的经济收入，相关产业发展也将带来更多就业机会。同时，旅游者带来了新的价值观、消费观，将对乡村文明新风尚的构建和重塑起到重要作用。

（二）康养小镇

1. 康养小镇的内涵

康养小镇是指以康养相关产业为主导，集城市更新、生态建设、风土人情、休闲娱乐等于一身的产业小镇综合体。成都以"农家乐"为建设模式的森林康养小镇是我国康养小镇的雏形。康养小镇产业建设主要依靠当地的康养资源，而康养资源主要体现在自然环境、风土人情以及历史风貌等自然人文方面，且该类资源具有很强的独特性、本土性以及衍生建设性。因此，康养小镇要做的就是让人回归自然，将休养、游乐融入良好生态环境，构建宜居、宜游、宜业的康养疗愈生态体系。

2. 康养小镇的发展意义

（1）助推城市间协调发展

康养小镇作为集城市更新、生态建设、风土人情、休闲娱乐等于一身的产业小镇综合体，已经具备了城市的基本功能。因此，发展康养小镇能加强乡村的城市化建设，并助推大、中、小型城市间的协调发展。此外，康养小镇带来的旅游者能增加乡村、城市消费，刺激产业发展。

（2）助推乡村居民就地就业

康养小镇的综合性和多功能性决定了康养小镇的运营需要大量的劳动力，因此建设康养小镇能提供大量的就业岗位。同时，康养小镇所涉及的行业众多，劳动业态复杂，能够吸纳各行业的技术人才，丰富乡村居民的就业机会，给予乡村居民更多的就业选择，使乡村居民能够就地就业，进而避免乡村、城市空心化问题的发生。

（3）助推康养科技发展应用

老年群体是康养小镇的主要客源。为更好地为老年群体提供康养、养老服务，康养小镇需通过智慧养老手段改变信息交流传递方式、强化资源配置整合力度、提升服务管理效率，进而解决现有康养服务模式存在的各种问题。这一过程势必能助推康养科技的发展应用。

五 康养旅游发展建议

（一）提升中医药康养旅游经济效益

中医药是中华民族在几千年的历史长河中传承下来的民族瑰宝，其在治疗的同时兼具养生、保健功能，疗效得到消费者的广泛认可。中医药康养旅游以康养保健为主要目的，涉及医疗保健服务，如针灸、刮痧、拔罐等。

就目前各中医药单位的运营模式来看，中医药康养服务普遍存在收费模式单一的问题，费用主要由诊疗费、床位费、康复理疗费等构成，很难给中医院带来高收益，也难以进一步刺激其进行产品研发、更新等。中医药康养旅游产品的开发主要依托三种资源：一是提供相应服务的专业化人才；二是高质量的中药材资源；三是良好、安静、适宜的康养环境。如果中医药康养旅游市场拓展能力不强，则很容易造成亏损。

中医康养重预防、轻治疗，相对于见效较快的西医，其更适合亚健康及慢性病患者，既是治未病的重要保健手段，又是很好的康养旅游服务项目。在康养旅游发展势头强劲的背景下，传统中医应当与现代科技进行结合、创新。一方面，应当促进中西医结合，与各大医院建立专科联盟，采用互联网、大数据技术建立智慧中医系统，推进国民中医健康管理。另一方面，中医药康养旅游应当抓住自身特色进行相关产品开发，进一步提升推拿、药膳、足疗等项目的服务质量，并开发中医药美容美体、医疗保健、观光体验等产品。

（二）拓展老年康养旅游市场

中国是老龄人口数量及人口老龄化速度世界第一的国家。国家统计局数据显示，2020年我国65岁及以上人口占总人口的13.50%，我国已接近深度老龄社会（见图1）。世界卫生组织预测，2033年前后，中国老龄人口将达到4亿人；到2050年，中国将有35%的人口超过60岁，中国将成为世界上人口老龄化最严重的国家。

图1　2011～2020年我国65岁及以上人口数量及其占总人口比重

资料来源：国家统计局网站。

老年游客是康养旅游产业的重要目标客群。2019年，携程发布的《老年群体旅游行为报告》显示，65%的受访老年游客每年出行3次以上。老年游客在"有钱有闲"的基础上，较为注重养生、保健、养老等需求，将成为康养旅游产品的消费主力。

中国老年游客数量庞大，可以给康养旅游产品带来流量支持。但总体而言，老年人是一个对价格较为敏感的群体，大部分老年人的消费观念还比较保守，亟须拓展健康有活力的老年康养旅游市场。供给端上，康养旅游企业需要针对老年群体进行市场细分，提供差异化服务，要以大众做规模、强健康消费意识做技术、高消费能力做精品、高知识人群做文化，辅以亲情营销、社群营销等，与老年群体建立长期、密切的合作共赢关系。需求端上，很多旅行社抓住老年群体的传统消费观念，以低价吸引老年游客参团，却在旅游过程中出现加价、强制消费现象，影响旅游体验。因此，老年群体应当更新消费观念，增强品质意识。此外，政府应对面向老年群体的康养旅游产品制定相关服务标准、旅游标准及赔偿标准等，规范市场运行。

（三）发展高端医疗康养旅游

作为新兴旅游形式，高端医疗康养旅游在全球范围内发展迅速，以巨大的经济效益吸引着各个国家或地区将目光投向这一市场。目前，很多康养旅游项目过度注重自然环境条件，将项目落地在高端医疗资源与人才技术稀缺的中小城市周边，但作为康养旅游的重要支柱，高端医疗旅游往往需要配备国内甚至世界一流的医疗技术及设备。

当下，我国医疗康养旅游目的地应当引入精准医疗、细胞存储与免疫、基因检测与存储等高端诊疗技术。这部分医疗项目单项收费高、毛利率高，目标客户覆盖消费观念新、经济实力强的中青年人群，可以很好地改善医院现金流，激发医院医疗产品的更新活力。

在互联网技术支持下，各大医院、技术团队应当建立合作关系，加强服务模块化和分工协作，利用 5G 时代的万物互联优势，推进技术突破和模式变革。同时，医疗机构应当与高校、研究院等科研机构进行深入合作，将产品研发扎根市场，提升人才的实践能力。在医疗项目上，医疗机构应当立足并发扬特色，与国际标准接轨，稳定国内市场，争取国际市场。

参考文献

周晓琴、明庆忠、陈建波：《山地健康旅游产品体系研究》，《资源开发与市场》2017 年第 6 期。

朱虹：《江西发展康养旅游的意义和路径》，《中国旅游报》2020 年 5 月 26 日。

蔡家成：《康养旅游的重大意义和性质特征》，《中国旅游报》2017 年 1 月 31 日。

韦家瑜、谢琼：《基于健康产业发展需要的应用型康养旅游人才培养模式分析》，《农村经济与科技》2020 年第 4 期。

赵宝鑫、王小磊、王淼：《安康市森林康养产业的价值研究初探》，《现代园艺》2021 年第 10 期。

刘伟等：《田园综合体背景下的农村养老模式研究——以山东省白鹭湾田园综合体为例》，《中国医院建筑与装备》2021 年第 1 期。

谢晓红、郭倩、吴玉鸣：《我国区域性特色小镇康养旅游模式探究》，《生态经济》2018 年第 9 期。

侯胜田：《以中医药为特色的中国医疗旅游产业发展战略探讨》，《中国中医药信息杂志》2013 年第 12 期。

黄金琳、杨荣斌：《我国医疗保健旅游产品开发初探》，《资源开发与市场》2009 年第 11 期。

李时、宋明：《中国特色旅游——中医药旅游开发与发展对策研究》，《中国科技信息》2008 年第 2 期。

程志强、马金秋：《中国人口老龄化的演变与应对之策》，《学术交流》2018 年第 12 期。

唐钧、刘蔚玮：《中国老龄化发展的进程和认识误区》，《北京工业大学学报》（社会科学版）2018 年第 4 期。

王海涛：《度假 + 康养：未来老年旅游主流》，《中国老年报》2021 年 1 月 20 日。

王颖：《上海国际医疗旅游发展的困境与对策思考》，《上海管理科学》2012 年第 5 期。

陈子晨：《疾病的概念隐喻及其社会心理效应》，《广东社会科学》2020 年第 6 期。

李祥臣、俞梦孙：《主动健康：从理念到模式》，《体育科学》2020 年第 2 期。

彭红霞、肖丰：《常用的 3 种国外自然疗法概述》，《中国民间疗法》2022 年第 6 期。

袁冰：《从医学发展的大趋势看日本汉方医学的出路》，《中医药导报》2017 年第 1 期。

B.4
基于产业融合的温泉山谷康养旅游开发模式及融合路径研究

宋　乐　穆文俊　樊建丽*

摘　要：在健康中国战略、云南健康生活目的地品牌定位的提出以及滇中新区建设、昆安一体化推进的发展机遇下，云南安宁温泉山谷项目以区域资源为基础，持续推进医药康护、运动康体、文旅康乐、宜居康养、教培康育、商娱康服"六位一体"的战略布局，致力打造云南健康生活目的地的标杆。本报告基于项目布局、产业构成及竞争优势等概况，从"康养+旅游"产业融合的角度提出加大政策扶持力度、深入挖掘文化内涵等一系列路径。

关键词：产业融合；康养旅游；路径研究

Development Model and Fusion Path Research on Hot Spring Valley Health and Wellness Tourism of Industrial Integration Perspective

Song Le，Mu Wenjun，Fan Jianli

Abstract：In the Healthy China strategy background, Yunnan healthy life destination brand positioning and the development opportunities of the China New District, the development opportunities of Kun'an integration promotion, Yunnan

---

＊ 宋乐，博士，云南大学工商管理与旅游管理学院讲师，主要研究方向为旅游经济；穆文俊，云南大学工商管理与旅游管理学院硕士研究生，主要研究方向为旅游经济；樊建丽，云南大学工商管理与旅游管理学院硕士研究生，主要研究方向为旅游经济。

Anning Hot Spring Valley Project is based on regional resources, continuous advancement the strategic layout integrating medical innovation, sports intensive, cultural travel, livable, education, and integrity, is committed to building a benchmark for health living destinations in Yunnan. This report is based on its project layout, industrial composition and competitive advantage, and proposes to increase policy support from the perspective of "healthy and wellness + tourism" industry integration, and deep into the series paths such as cultural connotation.

Keywords: Industrial Integration; Health and Wellness Tourism; Path Research

一　开发背景

（一）健康中国战略推动下的康养产业发展

健康是促进人的全面发展的必然要求，是经济社会发展的基础条件。实现国民健康长寿，是国家富强、民族振兴的重要标志，也是全国各族人民的共同愿望。"十三五"规划将健康中国战略纳入其中；党的十八届五中全会从协调推进"四个全面"战略布局出发，提出推进健康中国建设的宏伟目标。《"健康中国2030"规划纲要》指出，我国健康服务供给总体不足与需求不断增长之间的矛盾依然突出，健康领域发展与经济社会发展的协调性有待增强，需要以人民为中心，把健康融入所有政策，全方位、全周期保障人民健康，大幅提高健康水平，显著改善健康公平。据统计，2020年，中国大健康产业规模达8万亿元，预计2030年中国大健康产业规模将达16万亿元，大健康产业已经成为全球规模最大的新兴产业之一。

（二）云南围绕健康生活目的地打造地方品牌形象

《2018年云南省人民政府工作报告》明确提出，云南要全力打造"三张牌"，即"绿色能源牌""绿色食品牌""健康生活目的地牌"，充分利用区位、气候、环境、资源、文化、旅游等多重优势，全面组织、指导、协调和推进，打造世界一流的"健康生活目的地"。为此，云南以建造"世界康养后花园"为核心，围绕"健康生活目的地"这一发展目标，串连从"现代中药、疫苗、干细胞应用"到"医学科研、诊疗"，再到"康养、休闲"全产业链的大健康产业，使自身成为国际先进的医学中心、诊疗中心、康复中心和医疗旅游目的地、医疗产业集聚地，引领生物医药和大健康产业跨越式发展，从而加快旅游业的转型升级。

（三）滇中新区建设、昆安一体化推进成为新的发展机遇

2020年1月14日，国家发改委批复同意《滇中城市群发展规划》（以下简称《规划》）。《规划》提出，昆明主中心（昆明主城区和滇中新区）要建设立足西南、面向全国、辐射南亚和东南亚的区域性国际经济贸易中心、科技创新中心、人文交流中心和区域性交通综合枢纽。打造世界春城花都、历史文化名城、中国健康之城三大品牌。其中，滇中新区着力构建医疗、健康、养生养老服务体系，打造集康体、养生、养老、养心于一体的国际一流的健康服务业示范区，积极培育健康服务业新兴业态，着力构建涵盖"研、产、售"的生物医药产业链。另外，安宁是中国西部县域高质量发展的标兵，其城市定位为滇西旅游门户、休闲宜居创业新城。随着交通、教育、医疗等众多配套设施的完善，安宁这一原先的"昆明后花园"正逐步拉近与主城的距离，昆安一体化正在加速实现，为安宁发展带来前所未有的机遇。未来，安宁将建设成集体育运动、休闲养生、旅游度假、创意研发等于一体的创业、活力、宜居之城。

二 项目概况

康养旅游是以多彩的自然景观、富氧的空气环境、优质的水源保障、安全干净的饮食、原始古朴的生态文化等为主要资源，依托休闲度假、养生养老、医疗保健、康体运动等服务设施，开展以修身养性、调适机能、排解压力、延缓衰老为目的的游憩、度假、疗养、保健、养老等活动的统称。

在健康中国战略背景下，云南安宁温泉山谷项目以康养旅游发展为契机，围绕云南"健康生活目的地"的发展目标，以宜居、宜业、宜游、宜

养的良好自然环境、丰富的人文风情、舒适安逸的生活方式以及优质的康养服务为支撑，以"康养+"为策略，秉持"以产促城、以城聚人、产城融合、一体发展"的规划理念，持续推进医药康护、运动康体、文旅康乐、宜居康养、教培康育、商娱康服"六位一体"的战略布局，致力于打造康养战略转型样板、大健康产业与城市发展融合典范、健康生活目的地标杆。

（一）开发模式

康养度假区是借助区域的地势及资源、气候条件，重点打造运动设施、场所，融合康体与度假产业特色，集康体、度假、居住、生活于一体的综合开发模式。与普通的运动休闲不同，康养运动将健康管理、运动休闲和旅游度假相结合，因此，运用先进的设备和视频分析技术对游客的运动表现进行分析、在专家指导下进行调整等健康服务显得尤为重要。具体而言，康养度假模式将以先进健康管理理念的健康运动方式为核心，针对游客的现实情况，定制运动养生课程，并提供专门的养生运动教练及咨询服务。在具体产品方面，既包括瑜伽、SPA、太极、徒步、慢跑、自行车、高尔夫、普拉提等核心养生产品，也依托特殊的自然条件，如山地、滨海、森林、冰雪等，提供山地运动、水上运动、马术运动、滑雪运动等体育运动产品。康养度假区为游客提供强身健体、放松身心的独特体验，使游客获得身心的愉悦，并最终形成区域康养度假产业链，引导区域综合开发。云南安宁温泉山谷项目借助自身的温泉、森林等优势，以康养度假产业链为核心，打造以医药康护、运动康体、文旅康乐、宜居康养、教培康育、商娱康服六大产业为支撑的"六位一体"、互融互通的产业链生态系统，涵盖了旅游、文化、卫生、体育、教育等多个领域。

（二）项目布局

云南安宁温泉山谷项目位于安宁市区北部，距昆明中心城区约28公里，距昆明西山区约3公里，横跨温泉、连然两镇。东至昆明西北绕城高速，西至凤山及甸中公路，南至螳螂川和安温公路，北至青石山脉沿线。整个区域被成昆铁路、安楚高速公路分割，东南部与安宁城区相连，规划范围28.6平方千米。

云南安宁温泉山谷项目以"留得住青山、看得见绿水、记得住乡愁",构建"山、水、田、园、城"一体的绿色生态网络为指导思想,以"留住青山绿水、连通东西南北、东西疏密有序、南北山水穿行"为空间规划原则,其布局可总结为"四横连接温泉连然两镇,四纵串连四大片区,一连线连接大屯高铁,五山托起文旅重镇,六水织就山水画卷,多绿芯雕刻宜居大城"。

云南安宁温泉山谷项目秉持"以文兴产、以产促城、以城聚人、人文兴旺、产城融合、一体发展"的规划理念,形成"历史文化(宰相故居、连然古韵)""绿色文化(丰富的森林温泉自然资源)""城市文化(经济发展、滇中重镇)",并涵盖"特色医疗""健身运动""休闲旅游""宜居康养"等一系列文化内涵,打造健康生活目的地,实现"大文化引领产业发展"。该项目力争打造中国最负盛名的健康生活目的地,构筑大健康、大文旅产业的坚实基础,打造城市健康发展、和谐宜居的"钢筋铁骨"。

(三)产业构成

云南安宁温泉山谷项目的主要产业构成分为以下6个部分。

1. 医药康护产业

医药康护产业以医疗服务、康养服务、健康管理为核心,是大健康产业的坚实基础。医疗服务方面,以安康中心,干细胞、肿瘤医疗集群等高端专科医疗及昆明市第一人民医院温泉康复医院、昆明市妇幼保健院安宁分院、卫生服务中心为主要项目,覆盖基础医疗、肿瘤筛查、器官移植、基因治疗等全方位医疗需求,提供全年龄段健康医疗服务。康养服务方面,以合美养护院、温泉SPA理疗、民族医药、月子中心、太极养生等为主要产品,形成集健康养生、理疗服务、特色体验于一体的大健康服务。健康管理方面,以健康管理云中心、合美智慧健康管理中心、社区健康管理终端、生命健康银行等项目构成健康管理体系,构建全周期、全年龄段的健康指标大数据管理体系。

2. 文旅康乐产业

文旅康乐产业以休闲旅居、主题文化、爱国教育为切入点,拟实现全域景区化、景区一体化。休闲旅居方面,以安宁国际会议中心、安宁之光国际酒店、凤山森林温泉、田园综合体景区、房车露营基地为主要项目，满足短期休闲旅游、亲子游乐、商务会议、节假休闲等多层级需求，提供餐饮、住宿、娱乐、购物等全方位服务。主题文化方面，以民族医药百草园、民族民居博览园、文创产业园、沿川文旅带、杨一清纪念馆、铁路文化公园、盐池文化公园、太极养生公园等为主要项目，形成具有云南及安宁特色的旅游观光、文化体验热点。爱国教育方面，以航空航海展览馆、航天科技馆、野战体验营、新摩崖石刻等为主要项目，构建极具特色的、面向全省乃至全国青少年的国防科普、革命历史、军事体验基地。

3. 运动康体产业

运动康体产业以赛事训练、全民健身、休闲运动为核心。赛事训练方面，以运动场馆集群、国际网赛中心、足球训练基地、高原田径训练基地为基础，可承担国际、国内重大体育赛事，引入郑洁国际网球学校及足球国际学校，培养专业运动人才，普及体育文化，提升云南省运动竞技水平。全民健身方面，建设生态运动场、半山半马赛道、慢行系统、奥体运动公园及全民健身设施等项目，为全民运动提供绿色生态、设施齐全的便捷运动场地，带动安宁市全民健身蓬勃发展。休闲运动方面，开发青石山地运动公园、房车露营基地、矿山极限运动等项目，为广大市民提供亲子娱乐、休闲运动、户外探险的理想目的地。

4. 教培康育产业

教培康育产业以基础教育、中高级专业人才培育及专业培训为核心，建立了曲靖市第一中学温泉学校、清华大学附中国际学校、医学护理专科学校等核心产业引擎，为城市发展提供多元化的基础教育配套设施，为区域产业发展提供坚实的教育培训支撑。

5. 商娱康服产业

商娱康服产业以温泉牌坊商业区、安宁之光商业区、望湖商业区、高铁站商服圈、奥体商服区及沿川文旅商服带为核心，覆盖居住生活服务、康复养生服务、体育商品售卖、文旅商品售卖、特色餐饮服务及文化创业支持等诸多方面，带动片区第三产业的蓬勃发展。目前，一大批社区商业配套基础设施已经开始建设，覆盖居民生活的各个方面。

6.宜居康养产业

结合地理、地形条件，云南安宁温泉山谷项目内住房整体呈现自西向东容积率逐步提高、开发强度逐步加大的趋势，同时在各宜居康养住宅区域考虑配套多个绿芯公园及其他康养设施。产品形式多样化，公寓、低层住宅与中高层住宅相结合，提供多种康养住房产品，可满足不同人群的康养需求。

（四）竞争优势

1.外部优势

一是气候优势。云南安宁温泉山谷项目位于安宁市温泉镇，该地区属中亚热带低纬度高海拔地区，年平均气温 20～25℃，气候较为温和。安宁市空气质量良好，森林覆盖率高达 79.27%，在全国名列前茅，$PM_{2.5}$ 及 PM_{10} 含量最低值为 $8\mu g/m^3$，该地区是康养旅游的绝佳目的地。凭借得天独厚的自然环境，安宁市入选中国气象局 2022 年公布的"中国气候宜居城市（县）"，发展康养旅游项目具备优势。

二是区位优势。安宁市是我国西部产业转型与创新发展的基地，也是滇中新区的产城融合示范区。安宁市连通大理、丽江、香格里拉等旅游城市，是去往滇西、滇南甚至面向国际的交通要塞。基于良好的区位优势，以及文化产业、旅游产业、康养产业的深度融合，云南安宁温泉山谷项目与市场更为贴近。

三是自然、人文旅游资源优势。安宁市的自然资源和人文旅游资源丰富，将直接助力产业融合发展。当地温泉水长年保持在 40～43℃，为天然偏硅酸矿泉水，品质较高，达到可直接饮用级别。

云南安宁温泉山谷项目毗邻"天下第一汤"，四周被凤山、龙山和笔架山包围，螳螂川穿过山谷，因种植向日葵等作物，又被誉为"金色螳螂"。安宁市的历史文化源远流长、丰富多彩，有始建于唐朝的曹溪寺、明清以来文人墨客留下的摩崖石刻，以及杨一清纪念馆、铁路文化公园等。在此基础上，该项目开发了太极养生公园、温泉牌坊文化广场、民族民居博览园等，做到了对地方文化的充分挖掘。

2. 内部优势

资本实力雄厚，品牌优势突出。云南省康旅控股集团有限公司作为云南安宁温泉山谷项目的开发商，具有雄厚的资金实力。同时，云南城投置业股份有限公司作为该项目的"背书"，使得该项目具有较强的品牌公信力和较高的美誉度。作为较早一批投入大健康旅游产业的公司，云南省康旅控股集团有限公司已积累了较丰富的开发经验，并与地方政府和当地居民建立了良好的合作关系，这十分有利于地方发展和外部建设。云南省康旅控股集团有限公司深耕云南，以旅游景区产品的开发为主营方向，把握了超一半的云南旅游优质资源，并且积极扩展旅游小镇、品牌酒店等业务，成为云南实力较强的旅游企业。公司康养业务涵盖医疗、医药、保健品、健康管理、康养地产开发等一体化全产业链，品牌优势为其产品的融合发展提供了有力的保障。

企业形象良好，助力项目发展。云南省康旅控股集团有限公司积极承担社会责任，形成了良好的形象。公司先后冠名赞助了2018年、2019年安宁温泉高原国际半程马拉松比赛、"一带一路"国际网球公开赛等体育活动，积极参与敬老爱老事业，举办长寿康养文化节，多次慰问温泉镇老年人，帮助周边村修缮党员活动室，帮扶新建温泉街道农贸市场，为社区居民提供日常用药保障及部分医疗防控物资等。可以相信，公司在积极打造、维护良好社会形象的同时，能进一步获得当地居民对相关项目的支持和理解，助推地方"旅游—社区"关系的良性发展。

项目业态丰富，贴合市场需求。云南省康旅控股集团有限公司在构建大健康旅游产业时，注重产业结构的完整性和互补性，以旅游地产为核心，配套医药康护、运动康体、文旅康乐、宜居康养、教培康育、商娱康服，建立了一个业态丰富、稳定性高的大健康旅游产业结构。同时，丰富的业态使其发展方向多元化、营利方式多元化，为公司增添了活力，扩大了公司的发展规模。公司把握政策和市场机遇，在近几年新建了许多重点项目，主要包括网赛中心、综合运动馆及运动服务中心、安宁之光国际酒店、安宁国际会议中心、昆明市第一人民医院温泉康复医院、合美养护院、凤山森林温泉、房车露营基地、田园综合体景区。从重点项目的建设情况来看，近年来建设力度、规模较大，总投资金额达37.62亿元。同时，从项目涉及的方面来看，重点建设项目涉及面较广，涵盖了大健康旅游产业的各个重点环节。同时，网赛中心、合美养护院、田园综合体景区等项目也贴合了当前运动养生、康养医美的政策主题。由此可见，云南安宁温泉山谷项目未来的发展潜力巨大。

三　促进产业融合的路径

（一）加大政策扶持力度

无论是发展文旅产业还是康养产业，政府政策都起着非常重要的促进作用。当地政府需要出台相关政策以支持产业融合发展，贯彻"宜融则融，能融尽融"的发展理念。首先，要降低市场准入门槛，创新体制机制。在重大项目建设、基础设施建设、相关要素配置等方面给予政策倾斜，吸引社会资本。其次，在制定税收政策时，相应地减免相关税费。发挥政府引导作用，设立产业融合发展专项基金，主要用于相关学科的建设、专业人才的培养以及扶持产业创新发展；鼓励金融机构加大对产业融合的支持力度，降低融资的成本，扩大贷款规模。政府应该鼓励文旅产业、康养产业的各类创新，包括产品研发、市场营销、体制创新等，通过设立专项基金等方式为文化产业、旅游业、康养产业的融合发展提供政策保障。

（二）深入挖掘文化内涵

根据《中国国内旅游发展年度报告2020》，文化休闲日益成为人们的"刚需"。目前，我国居民的文化消费变得越来越日常化。相关调查显示，未来我国居民的文化消费需求将会更加旺盛，文化消费支出会呈现不断增长的趋势。由此可见，文化内涵在一个项目的开发中有着举足轻重的地位。综观众多旅游度假区的开发设计，存在一个共同的问题，那便是设施建设的雷同化。大部分旅游度假区都采用休闲、康乐等的开发模式，项目也大同小异。因此，云南安宁温泉山谷项目的开发建设必须创造自己的个性，要利用好优势资源，深挖文化内涵，不断创新文化和服务理念；要与当地的文化相结合，打造特色地方产品，突出差异化，构建独树一帜的文化形象；要融入当地的民俗风情、特色文化，打造独特的项目，提升价值品位。

云南省民族文化资源丰富，在发展康养产业和文旅产业时，要注重深入挖掘当地特殊的民族文化元素，促进产业发展，实现共赢。一方面，文旅相关资源会逐渐转化为康养资源的一个重要部分，有助于深化康养产业的文化内涵，更好地促进文旅产业与康养产业的深度融合，推动康养产业提质升级，促进文旅产业和康养产业进一步融合发展，提升产业融合的消费吸引力。另一方面，一些可能会消失的文旅资源将借助康养产业的发展重获新生，得以被科学地开发利用，有助于推动文化的保护和传承。

（三）精准对接市场，打造品牌特色

产业融合不是单纯地将两个不同的产业相加，而是要从消费者的需求出发，准确分析客源市场，挖掘产业融合的结合点。因此，必须深入研究客户群体的需求，可以根据消费人群类型进行分类，充分了解其主要诉求及目的，从而有针对性地进行产品的开发，满足不同客户的需求。随着消费者需求的个性化和多样化发展，能否针对不同需求的旅游者提供不同档次、不同体验的旅游产品决定了旅游产业竞争力的高低。旅游形象作为提炼旅游目的地精华与特色的重要形式，在游客群体决策当中发挥着关键性作用，亦是旅游产业营销推广中不可或缺的环节。旅游形象对旅游者决策有着至关重要的作用，是对地方特色的挖掘和提炼，良好的旅游形象更有利于增强旅游目的地的吸引力。在促进产业融合的过程中，应找准产业融合的接入点，充分挖掘区域资源当中的文化特色与康养资源，打造旅游者认同并喜爱的旅游形象，吸引旅游者并形成品牌效应，同时要注意引入创新创意文化资源。品牌是一个地区旅游核心竞争力的体现，只有打造独特的品牌，才能吸引游客注意。

（四）加大人才培养力度

从人才培养的角度出发，促进产业融合、加强人才队伍的建设也是关键。员工的服务水平和素质在很大程度上影响着游客满意度。专业能力强、服务素质高的综合旅游人才有助于提升游客满意度，增加游客的幸福感。目前，我国产业融合发展仍然处于初级阶段，从业人员素质偏低，缺乏分工明细、一专多能的专业团队，越来越不能满足当下的需求。文旅产业与康养产业融合发展以后，对员工的素质要求会越来越高，不仅要求员工具备旅游、文化、康养等方面的知识，更要求员工在与游客的交流中能够更加人性化，与游客进行深入的情感交流。而在我国，文旅产业与康养产业专业人才的培养尚处于起步阶段，行业标准和实践标准也不明确，专业人才的缺失限制了企业发展。由此可以看出，培养人才已成为当务之急，只有完善相应的人才培养机制，不断提高从业人员的素质和技能，才能为文旅产业与康养产业的融合发展提供基本保障，才能提高服务质量。

要提升产业发展的核心竞争力，更好地促进文旅产业与康养产业深度融合发展，就必须加速培育和引进文旅产业、康养产业融合发展需要的专业人才。一是要结合产业融合发展的要求，有针对性地引进高水平、专业化的团队。二是要加大综合人才的培训力度，可大力开展与科研院校的交流合作，共同培养具备文化、旅游、康养知识的综合性人才。三是建立康养从业人员的资格认证体系。在参考国内外成功案例的基础上，通过培训体系和考核体系的建立，建设一支能够满足产业融合发展需要的人才队伍。

参考文献

杨红英、杨舒然：《融合与跨界：康养旅游产业赋能模式研究》，《思想战线》2020年第 6 期。

李鹏、赵永明、叶卉悦：《康养旅游相关概念辨析与国际研究进展》，《旅游论坛》2020 年第 1 期。

易慧玲、李志刚：《产业融合视角下康养旅游发展模式及路径探析》，《南宁师范大学学报》（哲学社会科学版）2019 年第 5 期。

陈纯：《国内外康养旅游研究综述》，《攀枝花学院学报》2019 年第 4 期。

赵敏、王丽华：《近十年国内康养旅游研究述评》，《攀枝花学院学报》2019 年第 4 期。

任宣羽：《康养旅游：内涵解析与发展路径》，《旅游学刊》2016 年第 11 期。

黄婷：《自然保护区森林康养服务发展潜力及实现路径研究》，《林业经济问题》2021 年第 6 期。

万志琼、邹华：《民族地区产业融合创新可持续发展路径探索——以云南省临沧市临翔区为例》，《云南民族大学学报》（哲学社会科学版）2021年第3期。

熊正贤：《旅游特色小镇同质化困境及其破解——以云贵川地区为例》，《吉首大学学报》（社会科学版）2020年第1期。

杨红波：《云南温泉康养旅游产品开发探析》，《经贸实践》2018年第13期。

B.5

云南省康养旅游产业创业生态系统发展研究

——基于创业态度与创业活动视角

张建民*

摘　要：成熟的创业生态系统对区域内创业发展至关重要。调研发现，目前云南省康养旅游产业创业生态系统在创业态度与创业活动两方面呈现如下特点：公众创业态度与全国总体水平存在明显差距；康养旅游各类型创业非常活跃，但与全国总体水平相比存活率较低；康养旅游创业以改善/机会驱动型与二者兼有型居多；群体差异明显，性别、年龄、教育水平都对创业态度与创业活动产生影响。据此，本报告建议相关机构在提升创业人员素质、促进持续性发展、引导重点群体创业等方面加强相关工作，以促进云南省康养旅游产业创业生态系统进一步完善。

关键词：康养旅游；创业生态系统；创业态度；创业活动；云南省

---

*　张建民，博士，云南大学工商管理与旅游管理学院教授、博士生导师，主要研究方向为人力资源管理与创新创业；云南大学工商管理与旅游管理学院博士研究生顾春节、周南瑾、余虹、董红梅、孙丽香、何曼榕、陈雅惠，云南大学工商管理与旅游管理学院硕士研究生金新颖、马玲娜、崔学艳、余娟、唐翔参与部分撰写工作。

Research on the Development of the Entrepreneurial Ecosystem of the Health and Wellness Tourism Industry in Yunnan Province：Based on the Perspective of Entrepreneurship Attitudes and Entrepreneurial Activities

Zhang Jianmin

Abstract：A mature entrepreneurial ecosystem is crucial to the development of regional entrepreneurship. The survey found that the current entrepreneurial ecosystem of the health and wellness tourism industry in Yunnan Province has the following characteristics in terms of entrepreneurial attitude and entrepreneurial activities：there is a clear gap between Yunnan public's entrepreneurial attitude and the overall national level；various types of entrepreneurial activities in health and wellness tourism are highly active，but the survival rate is low compared to the overall level of China；health and wellness tourism entrepreneurship is mostly improvement/opportunity-driven or compound type；gender，age and education level affect both entrepreneurial attitude and entrepreneurial activities. Based on this，this report recommend that relevant institutions strengthen related work in enhancing the capabilities of entrepreneurs，promoting sustainable development of new ventures，and guiding key groups to start a business，so as to promote the further improvement of the entrepreneurial ecosystem of the health and wellness tourism industry in Yunnan Province.

Keywords：Health and Wellness Tourism；Entrepreneurial Ecosystem；Entrepreneurial Attitude；Entrepreneurial Activities；Yunnan Province

　　成熟的创业生态系统是区域内创业兴盛的重要前提，对区域内经济发展具有重要意义。为充分了解云南省康养旅游产业创业生态系统的发展情况，调研团队于2019年8月至2020年2月对云南省康养旅游创业生态系统各主体与要素进行了广泛调研。调研内容包括创业态度、创业活动、创业影响以及创业环境四个部分。共计发放个人问卷1500份，回收1102份，回收率73.5%；发放专家问卷40份，回收33份，回收率82.5%。因篇幅限制，本报告仅对创业态度与创业活动两个维度的调研结果进行分析。该部分资料主要由个人问卷采集所得。

分析过程中，本报告针对重要指标做了两点尝试：将康养旅游产业整体创业情况与云南省整体创业情况进行对比；结合《全球创业观察2018/2019年报告》（GEM 2018/2019 Global Report）与《全球创业观察2019/2020年报告》（GEM 2019/2020 Global Report），将云南省整体创业情况与全国整体创业情况进行对比。

一　样本简介

调研团队对1102份个人问卷进行了整理，个人问卷人口统计学指标结果见表1。如表1所示，样本中，男女比例基本相当，年龄主要分布在54岁及以下，约占全部样本的97.0%。学历多集中在大专及以上，约占全部样本的88.4%。

表1　个人问卷人口统计学指标结果

单位：%

指标		占比
性别	男	48.7%
	女	51.3%
年龄	18~24岁	20.0%
	25~34岁	43.6%
	35~44岁	23.2%
	45~54岁	10.2%
	55~64岁	2.8%
教育背景	高中及以下	11.2%
	大专及本科	58.3%
	硕士及以上	30.1%

资料来源：作者自行绘制。

二 分项分析

创业态度主要反映创业生态系统中相关主体对创业的态度，创业活动主要反映创业生态系统中创业活动的活跃程度。下面分别对这两个维度的调研结果进行分析。

（一）创业态度

创业态度包括两个部分：社会态度，即整个社会对于创业活动的价值判断；自我认知，即个体对于创业可行性以及自身创业可能性的初步认知。前者预测创业生态系统中创业活动的吸引力，后者预测创业生态系统中个体进行创业活动的可行性与可能性。二者组合在一起，共同反映创业生态系统中潜在的创业力量。

需要说明的是，虽然此次调研主要考察康养旅游产业创业生态系统，但是在具体实践中，人们很难将"康养旅游产业创业态度"与整体的"创业态度"割裂开，甚至许多人可能会因为对康养旅游产业不够了解，不知道如何对有关康养旅游产业的创业态度指标进行评价。故此调研中对"社会态度"相关指标的考察，都是基于调研对象对"创业"这一整体概念的感知而展开的。

1. 社会态度

如图 1 所示，云南省的被调查者中，36.0%的人认为创业是一个不错的职业选择，55.2%的人认为成功的创业者拥有较高的社会地位，40.0%的人表示能够经常在媒体上看到关于创业成功的宣传。其中，创业者地位这一指标的人数占比最高，有超过半数的人充分认可了成功创业者的社会地位。其他两项指标的人数占比均未过半。

根据《全球创业观察 2018/2019 年报告》，在全国被调查者中，职业认可度、创业者地位、媒体关注度的人数占比分别是 60.8%、68.7%、68.1%，均超过云南省相关水平。云南省人数占比最高的创业者地位这一指标，依然比全国水平低 13.5 个百分点。

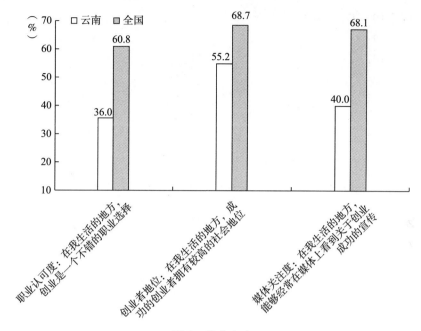

图 1　社会态度

资料来源：作者自行绘制。

（1）社会态度的性别差异

如图 2 所示，男性比女性更肯定创业价值。尤其是在职业认可度与创业者地位两个指标上，持积极态度的男性占比明显高于女性。

（2）社会态度的年龄差异

按年龄对样本进行分组统计，结果如图 3 所示。55～64 岁组最认可创业的社会价值，所有指标的人数占比均远超其他年龄组。18～24 岁组较认可创业者地位与媒体关注度，但只有 30.5% 的人认为创业是一个好的职业选择。25～34 岁组相对较认可创业的职业吸引力，这可能与他们在职场中压力较大有关。45～54 岁组态度最为保守，相对而言，该组较不认同创业的职业价值。35～44 岁组因为正值中年，面临工作与家庭的双重压力，无暇关注有关创业的媒体宣传，在媒体关注度上的人数占比最低。

（3）社会态度的学历差异

对样本按学历进行分组统计，结果如图 4 所示。依次观察社会态度的三个指标，可以发现一个共同规律：学历越高，越不容易认可创业价值。

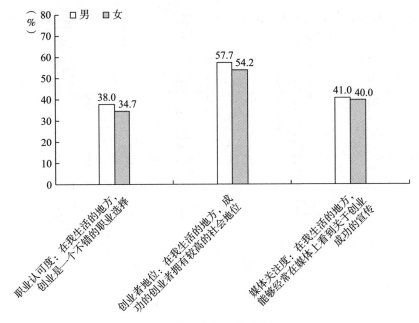

图2 社会态度的性别差异

资料来源：作者自行绘制。

2. 自我认知

自我认知各指标表现如图5所示。在人际感知度上，超过一半的人（57.0%）在生活中认识了正在创业的人，这意味着云南省创业生态系统中，每两人中就有1人身边存在这种"创业榜样"。在机会感知度上，云南省内只有27.0%的人在生活的地方发现了好的创业机会，远低于全国水平的74.9%。在能力感知度上，云南省内只有29.0%的人认为自己具有创业所需的知识、技能、经验等，与全国水平（67.4%）的差距非常明显。在失败担忧度上，发现了好的创业机会的那部分人，超一半（52.9%）会因为害怕失败，直接不尝试就选择了放弃；全国水平虽然比云南省低一点，但是44.7%依然不是一个让人满意的水平。在创业意愿上，云南省有18.3%的人在未来3年内有创业的打算或计划，略低于全国的21.4%。

（1）自我认知的性别差异

如图6所示，首先，在人际感知度上，两性群体并无较大差异，男性占比略高于女性；其次，在机会感知度与能力感知度上，两性存在明显差异；

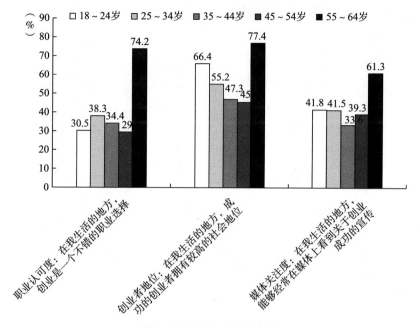

图3　社会态度的年龄差异

资料来源：作者自行绘制。

在失败担忧度上，两性差异尤为明显，女性比男性更容易因害怕失败而选择放弃创业；最后，在创业意愿上，两性占比大体相当，男性占比比女性略高。

（2）自我认知的年龄差异

按年龄分组统计，可以得到云南省社会大众在自我认知上的年龄差异，结果如图7所示。很明显，55～64岁组在自我认知上的表现最为突出。该年龄组在人际感知度、机会感知度、能力感知度、创业意愿等正向指标上的占比均较高，在失败担忧度这一负向指标上的占比较低。也就是说，55～64岁组成员最可能获取创业人脉、感知创业机会、拥有创业自信并最终生成创业意愿，同时最不恐惧创业失败。

逐项观察这些指标可发现，年龄与各指标之间存在一定相关性：高年龄组比低年龄组拥有更强的创业自信；低年龄组比高年龄组更可能因为恐惧失败而放弃创业；除了55～64岁组，其他各年龄组整体呈现"年龄越大，创业意愿越低"的趋势。

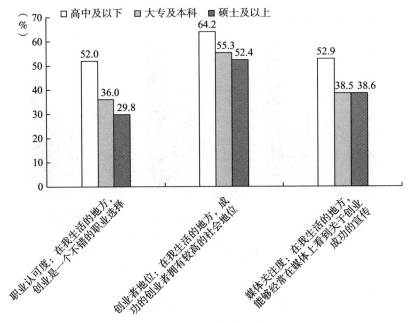

图4 社会态度的学历差异

资料来源：作者自行绘制。

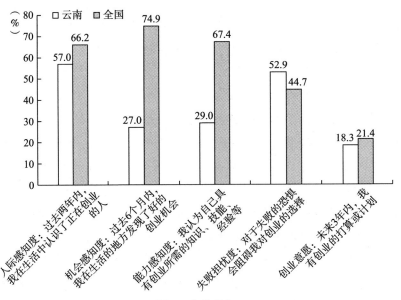

图5 自我认知

资料来源：作者自行绘制。

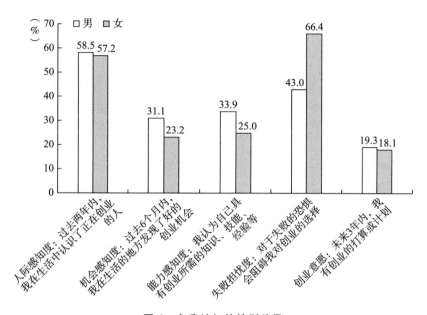

图 6　自我认知的性别差异

资料来源：作者自行绘制。

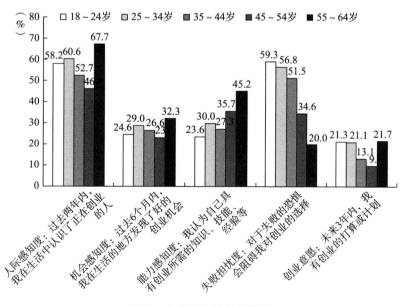

图 7　自我认知的年龄差异

资料来源：作者自行绘制。

（3）自我认知的学历差异

如图8所示，在自我认知的学历差异上，显然，硕士及以上组表现相对较弱。该组在人际感知度、机会感知度、能力感知度以及创业意愿上的人数占比均较低，在失败担忧度上的人数占比最高。仔细观察图8可以发现，学历与机会感知度之外的4个指标还呈现一定的相关关系。学历越高，人际感知度越低，能力感知度越低，失败担忧度越高，创业意愿越低。

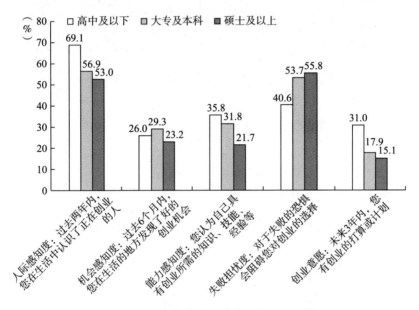

图8　自我认知的学历差异

资料来源：作者自行绘制。

（二）创业活动

1. 创业过程

（1）康养旅游产业创业

调研中，有5.6%的人正在进行康养旅游产业的全职或兼职创业，这些创业者可以分为三个类型。一是新手创业者，指目前正在创业，但创业企业尚未支付工资或已支付工资但未满3个月的人；二是初创企业拥有者，指目前拥有一家创业企业，且创业企业支付工资超过3个月但未超过42个月的人；三是成熟企业拥有者，指目前拥有一家创业企业，且创业企业支

工资超过 42 个月的人。这三者在总体中的占比可分别表示为：新手创业率
（Nascent Entrepreneurship Rate，NAE）、初创企业拥有率（New Business
Ownership Rate，NBO）、成熟企业拥有率（Established Business Ownership
Rate，EBO）。GEM（全球创业观察）用这 3 个指标来反映不同阶段创业活
动的活跃度。其中，新手创业者与初创企业拥有者在总体中的共同占比即
为早期创业活动（Total Early-stage Entrepreneurial Activity，TEA）指数。这
是 GEM 每年报告中的一个重要概念，它聚焦创业者从着手创业到新创企业
初步开始运行这段关键时期，有力地反映了各个国家早期创业活动的活跃
水平。

　　如图 9 所示，云南省康养旅游产业创业者中，1.6% 属于新手创业者，
2.5% 属于初创企业拥有者，1.5% 属于成熟企业拥有者。就这些指标来看，
云南省的康养旅游产业创业活动比较活跃，每 100 人中就有 4 个人处于康养
旅游早期创业阶段，每 200 人中就有 3 人拥有一家成熟的康养旅游产业创业
企业。

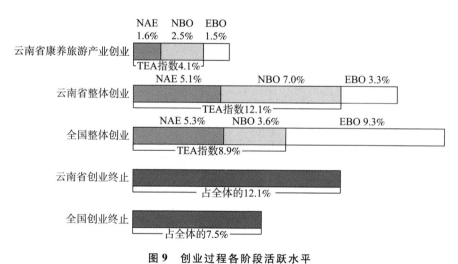

图 9　创业过程各阶段活跃水平

资料来源：作者自行绘制。

（2）康养旅游产业创业与省内整体创业

　　此次调研同样分析了云南省整体创业活动的活跃水平。如图 9 所示，云
南省整体创业水平较高，TEA 指数为 12.1%。结合云南省康养旅游产业创

业的 TEA 指数可以推论，大约每 3 个早期创业活动中，就有 1 个与康养旅游产业相关，这可能与云南省独特的经济发展模式有关。众所周知，云南是一个传统旅游大省，具有得天独厚、种类丰富的旅游资源，旅游业一直是推动省内经济发展的一个重要支柱产业。EBO 指标上，云南省康养旅游产业创业为 1.5%，云南省整体创业为 3.3%，即大约每两个成熟的创业企业中就有 1 个与康养旅游产业相关。可见，与其他产业相比，康养旅游产业创业企业在云南省的存活率较高。

（3）云南省创业情况与全国总体情况

云南省创业企业的存活率在全国范围内比较低。如图 9 所示，全国整体创业的 EBO 是 9.3%，远远超过了云南省整体创业的 3.3%。值得一提的是，全国整体创业的 TEA 指数低于云南省整体创业（云南省整体创业为12.1%，全国整体创业为 8.9%）。这一差异可能与抽样中没有包括农村地区有关。GEM 年度调查要求各国在抽样时将城乡地区同时纳入，并在分析时进行权重调整，以最大限度地保证样本的代表性。

创业终止率（Business Discontinuance Rate，BDR）是指在过去 12 个月里，有过放弃、中断或退出某项业务经历的人在全体人口中所占的比例。调研发现，云南省 BDR 为 12.1%，远高于全国水平的 7.5%。这与上述云南省创业企业在全国范围内存活率较低的结论一致。此次调研在 BDR 方面仅考察了全省整体水平，未针对康养旅游产业进行单独考察。

（4）创业活动活跃水平的性别差异

粗略来看，如图 10 所示，男性群体的活跃度明显高于女性群体。具体再看，无论是 NAE 和 NBO，还是 TEA 指数和 EBO，男性占比均明显高于女性。由此可见，男性在创业活动活跃水平上的优势不仅表现在创业早期，也表现在创业成熟期。

在 GEM 报告中，有时会用女性/男性 TEA 比率（Female/Male TEA Ratio）这一指标来反映不同性别群体在 TEA 阶段的创业活动活跃水平差异。该指标计算公式为：女性/男性 TEA 比率 = 女性 TEA 比例/男性 TEA 比例。如图11 所示，无论是云南省康养旅游产业创业、云南省整体创业，还是全国整体创业，女性/男性 TEA 比率都小于 1，表明这三种情况中，女性创业参与率均低于男性。此外，无论是康养旅游产业创业还是整体创业，云南省的

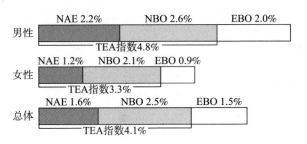

图 10　创业活动活跃水平的性别差异

资料来源：作者自行绘制。

女性/男性 TEA 比率都比全国水平低。

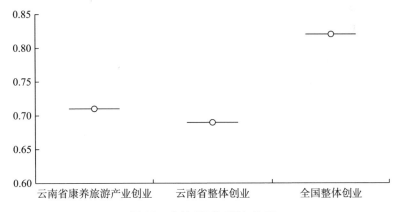

图 11　女性/男性 TEA 比率

资料来源：作者自行绘制。

（5）创业活动活跃水平的年龄差异

如图 12 所示，45～54 岁组的创业活动最为活跃，18～24 岁组则最不活跃，远低于总体水平。具体来看，NAE 指标上，45～54 岁组最高，55～64 岁组次之；NBO 指标上，25～34 岁组最高，35～44 岁组与 45～54 岁组次之；TEA 指数上，45～54 岁组最高，25～34 岁组次之；EBO 指标上，同样是 45～54 岁组水平最高，其他组均远低于 45～54 岁组的水平。

可见，康养旅游产业创业中，年轻并不是优势，18～24 岁组参与度最低。相反，45～54 岁组较为活跃，这大概与他们拥有一定的经验与人脉资源有关。

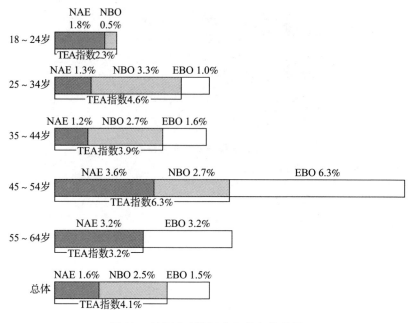

图 12　创业活动活跃水平的年龄差异

资料来源：作者自行绘制。

（6）创业活动活跃水平的学历差异

从图 13 可以明显看出，学历越高的群体，创业活动活跃水平越低；各指标上，也大致都表现出"学历越高，参与率越低"的特点。显然，康养旅游产业并没有像一些高科技技术产业那样，表现出"高学历，高参与"的情况。相反，这一产业的创业者更多是高中及以下学历群体，这可能有两个方面的原因。一方面，康养旅游产业涉及领域非常宽泛，有许多产品并不需要高新技术，从能力上来讲，高学历并不是必需。另一方面，这一产业的创业过程比较艰苦且充满风险，从意愿上讲，许多高学历人群可能会更倾向于进入相对更为稳定的公务员系统、事业单位等。

2. 创业类型

此次调研参考 GEM 将创业类型划分为三类：生存驱动型、改善/机会驱动型与二者兼有型。生存驱动型即创业者选择创业是因为没有更好的就业机会；改善/机会驱动型即创业者选择创业是因为发现了商机或寻求更好的发展；二者兼有型即创业者选择创业既有生存因素又有机会因素。

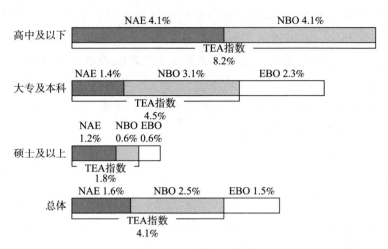

图13 创业活动活跃水平的学历差异

资料来源：作者自行绘制。

如图 14 所示，在云南省康养旅游产业创业中，15.6% 是生存驱动型，42.2% 是改善/机会驱动型。显然，改善/机会驱动型的比重远超生存驱动

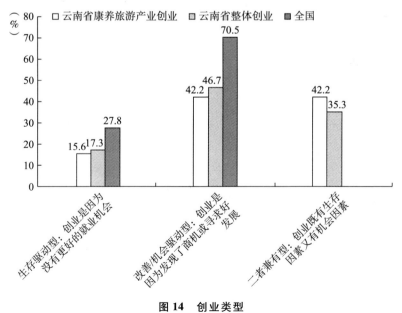

图14 创业类型

资料来源：作者自行绘制。

型。云南省整体创业中，改善/机会驱动型的比重同样远高于生存驱动型。与全国水平相比，云南省这两种创业类型的比重都较低，这主要是二者在问卷设计上的差异造成的。此次调研考察了二者兼有型，GEM 则没有这一项。本报告新增这一项，主要是考虑现实中很可能存在复杂的创业动机。调研结果也支持了这一设想，云南省康养旅游产业创业中，有 42.2% 为二者兼有型，与改善/机会驱动型比重持平。

（1）创业类型的性别差异

如图 15 所示，女性创业以改善/机会驱动型为主，占 42.1%；其次是二者兼有型，占 36.8%；最后是生存驱动型，占 21.1%。男性创业以二者兼有型为主（45.8%），其次是改善/机会驱动型（41.7%），最后是生存驱动型（12.5%）。可见，不管是男性还是女性，生存驱动型占比都相对较低。

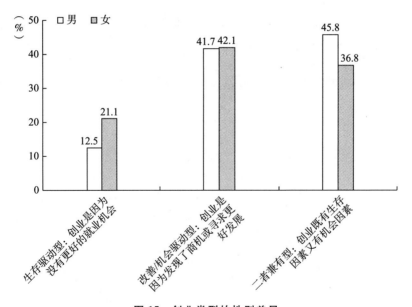

图 15　创业类型的性别差异

资料来源：作者自行绘制。

图 15 还显示，相比男性，女性更可能因生存压力而选择创业。女性创业中，有 21.1% 是生存驱动型，而男性创业的这一比重仅为 12.5%。此外，二者兼有型上，男性所占比重更高，表明男性的创业动机更加复杂。

（2）创业类型的年龄差异

如图 16 所示，对不同年龄组进行比较可以发现：首先，"上有老，下有小"的中年组（35～44 岁组）比其他年龄组更可能进行生存驱动型创业；其次，55～64 岁这一积攒了足够资源的老年组以及 18～24 岁这一刚进入社会的年轻组，最有可能进行改善/机会驱动型创业；最后，25～34 岁组比起其他组，更可能开展二者兼有型创业。需要说明的是，由于调研中康养旅游产业 TEA 样本的比重较低，在年龄分组过程中，有限的样本被分散，存在某些年龄组在某种创业类型上的样本为零的情况。

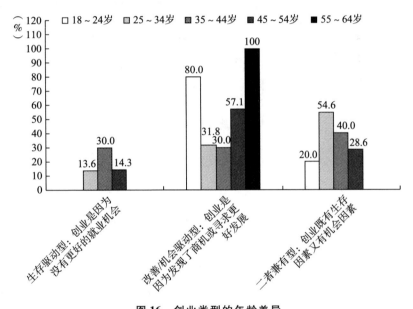

图 16　创业类型的年龄差异

资料来源：作者自行绘制。

（3）创业类型的学历差异

图 17 反映了不同学历群体的创业类型差异。首先，高中及以下组比起其他组更可能因为没有更好的就业机会而创业；其次，学历越高，进行改善/机会驱动型创业的可能性越高；最后，高学历组更有可能开展二者兼有型创业。概括起来，低学历组更可能因为生存而创业，高学历组更可能因为改善生活、发现商机等创业。

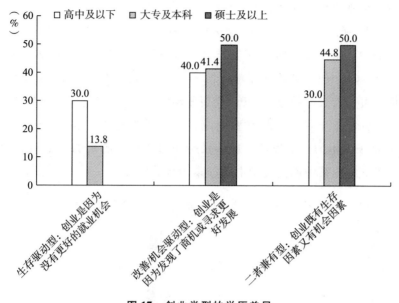

图17　创业类型的学历差异

资料来源：作者自行绘制。

（三）调研结论

通过此次调研与分析，调研组对创业态度与创业活动两个维度有了较为全面的了解，相关重要结论汇总如下。

1. 创业态度：与全国总体水平存在明显差距

社会态度方面，与全国水平相比，云南省社会大众对创业价值的认同度较低。尽管有过半数的人认为成功创业者具有较高社会地位，但这一比重明显低于全国水平。此外，大多数人并不认为创业是一个好的职业选择，也较少能在媒体上看到有关创业成功的宣传。

自我认知方面，云南省超过70%的人认为很难发现好的创业机会，与全国相比，他们缺乏创业自信。同时，他们较少认识正在创业的人，更容易因为恐惧失败而放弃创业，整体表现出相对较低的创业意愿。

2. 创业过程：康养旅游产业创业活跃，但存活率低

康养旅游产业创业者在创业过程中的表现非常活跃。每100人中就有4人处于康养旅游早期创业阶段，每200人中，就有3人已经拥有了一家成熟的康养旅游创业企业。在云南省整体创业中，大约每3个早期创业项目就有一个与康养旅游产业相关，大约每两个成熟的创业企业中就有一个与康养旅游产业相关。但与全国水平相比，云南省创业BDR高、存活率低，EBO仅为全国总体水平的1/3。

3. 创业类型：改善/机会驱动型与二者兼有型居多

在云南省康养旅游产业创业类型中，与生存驱动型相比，改善/机会驱动型占更大比重，后者几乎达到前者的3倍之多。云南省整体创业中，改善/机会驱动型的比重也远高于生存驱动型。这样的创业类型结构较为理想。相对而言，与生存驱动型相比，改善/机会驱动型更加注重技能开发、专业性与创新性，对经济发展有更加积极的促进作用。此外，二者兼有型创业也较多，所占比重与改善/机会驱动型相当。

4. 群体差异：性别、年龄、教育水平均有影响

首先，尽管程度略有不同，但男性在各类指标上的表现均优于女性。在社会态度上，男性比女性更认同创业的社会价值；在自我认知上，男性创业意愿略高于女性，且男性明显比女性更容易发现创业机会、拥有创业自信，不容易因为恐惧失败而放弃创业；在创业过程上，女性活跃水平明显低于男性，云南省女性创业参与率低于全国水平；在创业类型上，女性更可能因为生存压力而选择创业。

其次，年龄成为创业优势。45岁及以上群体在创业态度、创业动机、创业活跃水平等方面均遥遥领先。18～24岁的年轻人群虽然高度认可成功创业者的社会地位，并与高年龄组一样更可能进行改善/机会驱动型创业，但是他们最少发现创业机会，最为缺乏创业自信，在康养旅游产业创业中参与度最低。调研还发现，随着年龄增长，人们拥有更强的创业自信，更不容易因为害怕失败而放弃创业。

最后，教育水平是一个重要影响因素。高学历者并不视创业为理想的职业选择，很少关注媒体对成功创业故事的宣传，相对不太认可成功创业者的社会地位。此外，他们最少认识正在创业的人，最难发现创业机会，最缺乏创业自信，最有可能因为对失败的恐惧而放弃创业，是不太可能进行创业的人群，他们的康养旅游产业创业参与度最低。不过，高学历者更多因改善生活、发现商机等创业，很少进行生存驱动型创业。

三　政策建议

（一）提升素质：将创业纳入全省职业技能培训体系

调研发现，在机会感知和能力认同方面，云南省社会大众与全国水平存在较大差距。这显示了提升大众创业素质可能对促进省内创业具有重要意义。

1. 建议将创业教育有机纳入全省终身职业技能培训体系中统筹考虑

目前，云南省社会培训机构的创业培训项目数量并不多，创业个体和组织还无法便利、及时地获取行业知识、管理实务等方面的技能培训。同时，社会培训机构所设的收费标准也不合理。如果能将创业教育与全省终身职业技能培训体系有机结合，将惠及更多对创业感兴趣的劳动者，进一步挖掘省内创业潜力。

2. 优化培训内容，重视康养旅游产业创业相关政策解读和舆论宣传

传统的创业教育偏向对知识和技能的培训，对创业政策的宣传与解读不够，舆论宣传也不足。调研过程中，专家普遍认为目前云南省创业政策的宣传不够广泛、深入，许多需要扶持的个人或组织没有得到项目扶持。这在一定程度上影响了社会大众的创业意愿及创业自我效能感。

3. 提高培训的针对性，不要"一刀切"

调研发现，比起年轻、高学历群体，大龄、低学历群体更可能进行康养旅游产业创业。因此，对他们进行有针对性的创业教育更有可能提升整个社会的创业活跃度和创业质量。

（二）寻求持续：助力康养旅游产业新创企业提高存活率

调研显示，云南省康养旅游产业创业非常活跃，但整体来看，云南省康养旅游产业 BDR 高、存活率低。如何促进康养旅游产业创业企业实现可持续成长成为一个难点。

1. 深入探讨，积极寻找失败原因

"前事不忘，后事之师。"相关部门应鼓励学界与实践界对康养旅游产

业创业失败案例展开调研，积极探求新创企业不易存活的原因。同时，在
创业培训项目中，将这些研究成果与创业者分享，提前帮助他们做好准备，
应对未来可能存在的挑战。

2. 加大支持力度，清除持续发展障碍

此次调研同时针对创业环境这一维度做了细致考察，发现云南省康养
旅游产业创业环境的诸多要素都未能达到让人满意的水平，这很可能是影
响创业存活率的一个重要因素。相关部门应该加大投入和支持力度，从创
业融资、项目支持、公共服务等方面打造一个良性健康的创业环境。

3. 帮助创业者提升技能，推动企业不断成长

新创企业很容易在各种危机面前受到重创。创业者的机敏、坚韧等品
质，以及预判、沟通等能力就显得十分重要。相关机构应就危机管理、领
导学等内容开展培训，引导创业者主动学习、提升领导力，帮助他们最终
带领新创企业有效应对各种危机，提升企业存活率。

（三）重点引导：推动更多重点群体投身康养旅游产业创业

云南省康养旅游产业创业活动存在明显的性别、年龄与学历差异，为
进一步提高康养旅游产业的创业活力，需要对不同群体采取不同的扶持
措施。

1. 引导更多女性参与创业

近年来，女性创业人群成为经济发展的"新引擎"。然而，女性创业者
在创业参与、创业类型、资源获取、创业绩效等方面都存在劣势。根据
《全球创业观察 2018/2019 年报告》，46 个国家中，只有 6 个国家的两性
TEA 指数相当，其他均存在明显差异。该结果与此次调研的发现相一致。
相关部门应针对女性群体展开研究，提供更多创业政策优惠与创业支持项
目，大力提升女性创业参与率，充分发挥她们在促进经济发展方面的潜力。

2. 鼓励更多高学历年轻群体参与创业

高学历年轻群体一直是公众比较看好的潜在创业群体。此次调研也显
示，高学历组与低年龄组均更可能进行改善/机会驱动型创业。引导、鼓励
年轻的高学历人群创业已成为一种社会趋势。近年来，云南省出台多个政
策文件鼓励大学生创业，各种大学生创业项目层出不穷。但此次调研发现，

年轻的高学历群体创业意愿不够强。原因可能在于学历越高，就越不认可创业的价值、越缺乏创业自信。未来的政策设计可以考虑从"提升创业价值认同"和"提高创业自信"这两方面着手来引导年轻的高学历人群参与创业。

3. 支持45岁及以上人群参与创业

近年来，许多创业项目都聚焦在年轻的大学生群体上。但是此次调研发现，大龄群体才是真正的创业主力军。55～64岁组在态度、认知等方面均遥遥领先；45～54岁组在创业活动中最为活跃，各指标远高于其他年龄组。调研还发现，随着年龄增长，人们拥有更多的创业自信，更不容易因为害怕失败而放弃创业。究其原因，大龄群体经过多年积累，拥有更多创业资源，在经济、能力、人脉、经验等各方面具有显著优势。未来应该针对大龄群体加强研究，制定更具针对性的创业支持政策。

参考文献

Bosma，N.，et al.，*GEM 2018/2019 Global Report*，2019.

Bosma，N.，Kelly，D.，*GEM 2019/2020 Global Report*，2020.

B.6
云南康养旅游发展水平评价体系建构及应用研究

——以西双版纳为例

陈　伟　王　梓*

摘　要： 在"健康中国"战略背景下，康养旅游是我国经济社会进入新发展阶段、贯彻新发展理念、构建新发展格局的重要发展方向。本报告从产业融合视角出发，围绕云南康养旅游发展的资源禀赋、社会支持、服务配套、产业融合创新以及效益共享等5个因素，初步构建云南康养旅游发展水平评价体系框架。同时，本报告以西双版纳为研究对象，在收集、分析西双版纳康养旅游发展的相关数据信息的基础上，应用构建的云南康养旅游发展水平评价体系，对西双版纳康养旅游的发展水平进行了综合评价。结果显示，西双版纳康养旅游发展水平分值为71分，依据康养旅游发展水平等级标准，其处于康养旅游发展的"一般"水平。本报告还根据评价结果提出了推进西双版纳康养旅游发展的优化策略。

关键词： 产业融合；康养旅游；评价体系；西双版纳

---

* 陈伟，博士，云南大学工商管理与旅游管理学院讲师，主要研究方向为旅游资源开发与管理、康养旅游、文旅融合发展；王梓，硕士，云南白药集团人力资源中心职工，主要研究方向为康养旅游、大健康产业发展。

Research on the Construction and Application of Evaluation System for the Development Level of Health and Wellness Tourism in Yunnan: Take Xishuangbanna as an Example

Chen Wei, Wang Zi

Abstract: Under the background of the strategy of "Healthy China", health and wellness tourism is an important development direction that responds country's economic and social entry into a new stage of development, implementation of new development concepts, and construction of a new development pattern. From the perspective of industrial integration, this report focuses on the five factors of resource endowment, social support, service support, industrial integration and innovation, and benefit sharing in Yunnan's health and wellness tourism development, and initially builds a comprehensive evaluation system for the development level of Yunnan's health and wellness tourism. At the same time, this report taking Xishuangbanna as a case study object, based on the collection and analysis of relevant data and information about the development of health and wellness tourism in Xishuangbanna, the framework of the evaluation system for the development of health and wellness tourism is used to evaluate the development level of health and wellness tourism in Xishuangbanna. The results show that the comprehensive development level of Xishuangbanna's health and wellness tourism is 71 points. According to the level of health and wellness tourism development, it is at the "general level" of health and wellness tourism development. According to the evaluation results, this report puts forward the development path of health and wellness tourism in Xishuangbanna.

Keywords: Industry Convergence; Health and Wellness Tourism; Evaluation System; Xishuangbanna

一　研究背景

（一）我国康养旅游处于快速发展阶段

当今时代正处在一个飞速变化的时期，城市化进程的加快和巨大的工作压力使亚健康人群基数呈现不断上升的趋势，健康成为人们非常关注的问题之一。2016 年 10 月，中共中央、国务院印发了《"健康中国" 2030 规划纲要》；2017 年 10 月，党的十九大正式将 "健康中国" 确定为国家战略，国家各部委以 "健康中国" 战略为契机，出台了促进健康旅游发展的指导措施，提出各地区要以 "健康中国" 战略为指引，大力推进健康产业发展。2019 年，中国进一步提出了《文旅康养提升工程实施方案》，以健康产业为核心，融多元化功能为一体，加大 "康养 + 文旅" 发展力度，"康养旅游" 的新型业态开发模式成为社会关注的焦点。因此，在大健康时代背景下，以养身、养心、养生、养老为主题的康养旅游成为促进国民健康的重要途径，也成为改善民生、追求美好生活的重要抓手。健康与旅游融合发展成为新常态下服务业发展的重要引擎和地方经济增长的新动力，康养旅游迎来了快速发展的黄金时期。

（二）旅游业及相关产业的融合势头强劲

自 20 世纪 70 年代以来，产业融合逐渐成为全球范围内的新的经济现象。新时代背景下，在旅游业这样一个开放、创新、融合特征突出的产业中，越来越多兼具养老、医疗、保健、休闲、旅居等功能的旅游目的地涌现出来，成为旅游业发展的新亮点。从产业融合的角度来评价一个地区的康养产业与旅游业等关联产业的融合情况，进而分析评价该地区康养旅游的发展水平，不仅能为实现传统旅游业的转型升级、优化康养旅游业态结构提供依据，也能够提高旅游业的抗风险能力，进而促进区域旅游业的稳定发展。

（三）云南及西双版纳康养旅游前景广阔

《2018 年云南省人民政府工作报告》中提出了打造世界一流的 "绿色

能源、绿色食品、健康生活目的地"的发展目标，其中着重提出要以"健康中国"战略为指引，充分利用云南省的区位、气候、环境、资源、文化、旅游等多重优势，大力发展大健康产业，全面推进世界一流"健康生活目的地"建设，努力成为国际先进的医学中心、诊疗中心、康复中心和医疗旅游目的地、医疗产业集聚地，引领云南省生物医药和大健康产业跨越式发展，促进旅游业的转型升级和康养旅游的高质量发展。西双版纳不仅是云南省最早成立的少数民族自治州，也是中国旅游业初期发展的重要地区。目前，西双版纳深入贯彻云南省建设旅游强省的战略，重点推进打造"中国一流、世界知名"国际生态旅游州的发展目标。2019 年，西双版纳共接待国内外游客 4853.21 万人次，旅游总收入达 827.98 亿元，旅游业发展已经具备良好的基础。随着"健康中国"上升为国家战略，西双版纳的康养旅游也有着巨大的发展潜力。其一，西双版纳的康养旅游资源具有独特性和不可复制性，这里气候条件优越，生态环境优美，西双版纳还是联合国教科文组织世界生物圈保护区网络成员，全年平均气温 18～22℃，是中国不可多得的康养旅游首选之地；其二，西双版纳拥有极具代表性的民族风情与民俗文化，与我国四大民族医药之一的傣医药、南传佛教文化及贝叶文化等构成了丰富而独特的康养文化。凭借优良的康养旅游资源和有力的政策支持，西双版纳康养旅游发展将实现进一步飞跃。

二 云南康养旅游发展水平评价体系的构建

（一）构建依据及原则

1. 构建依据

国家有关部门近年来出台了《国家康养旅游示范基地》等一系列与康养旅游发展、旅游业紧密相关的国家标准（见表1），可作为构建云南康养旅游发展水平评价体系的参考。

表 1 部分康养旅游相关标准与规范

序号	标准或规范名称	发布单位	发布或实施时间
1	《国家生态旅游示范区建设与运营规范》 GB/T 26362－2010	国家旅游局 国家质量监督检验检疫总局 国家标准化管理委员会	2011 年 6 月
2	《关于开展"国家中医药健康旅游示范区（基地、项目）"创建工作的通知》	国家旅游局 国家中医药管理局	2016 年 7 月
3	《国家康养旅游示范基地》 LB/T 051－2016	国家旅游局	2016 年 1 月
4	《旅游度假区等级划分》 GB/T 26358－2010	国家旅游局 国家质量监督检验检疫总局 国家标准化管理委员会	2011 年 6 月
5	《旅游度假区等级划分细则（试行）》	国家旅游局	2015 年
6	《国家全域旅游示范区验收标准（试行）》	国家文化和旅游部	2020 年 5 月
7	《旅游资源分类、调查与评价》 GB/T 18972－2017	国家旅游局 国家质量监督检验检疫总局 国家标准化管理委员会	2018 年 7 月
8	《旅游区（点）质量等级的划分与评定》 GB/T 17775－2003	国家旅游局 国家质量监督检验检疫总局 国家标准化管理委员会	2003 年 5 月

资料来源：根据前期相关标准与规范整理。

2. 构建原则

一是系统性原则，强调对康养旅游目的地发展水平形成较为完整、客观、全面的整体系统量化评价；二是科学性原则，强调科学客观地选取评价指标，既要基于前期理论研究，又要结合现实情况进行综合选取；三是可操作性原则，要结合区域发展实际，强调应用性和可操作性。

（二）评价指标选取与体系构建

目前，针对康养旅游发展水平评价的研究成果较多，但多为定性评价，评价指标体系不规范、不统一，存在不同的见解和看法。通过梳理相关文献，本报告总结了有代表性的康养旅游发展水平评价体系及方法，如表 2 所示。

表2　有代表性的康养旅游发展水平评价体系及方法

作者（年份）	研究内容	指标选取	主要评价方法
胡春华（2018）	康养旅游指标体系的构建与实证研究	生态康养环境、生态管理等所属的58项具体指标	层次分析法
郭亚容（2020）	康养旅游项目的开发潜力评价体系构建	自然康养环境、人文康养环境、康养旅游配套基础设施、开发建设条件和政府政策管理等所属的33项具体指标	层次分析法
李晓琴（2019）	生态康养旅游目的地概念及评价指标体系构建与测评	生态康养环境、康养产品与活动、康养设施与服务等所属的58项具体指标	层次分析法
张宣（2020）	基于层次分析法的洪雅县康养旅游资源评价	旅游价值资源、旅游环境资源、资源开发价值等所属的23项具体指标	层次分析法
陈鑫（2020）	老白山森林康养产业发展评价	对老白山森林康养产业进行定性分析	定性分析层次分析法
张国薇（2018）	攀枝花二滩欧方营地康养旅游资源评价与开发研究	对区域康养旅游资源开发价值进行综合评价，构建包含8个维度的评价体系	层次分析法
祝向波（2017）	康养旅游资源评价与开发	建立了"七度评价体系"	层次分析法
段金花（2019）	生态旅游资源开发潜力评价研究	生态旅游资源开发潜力评价	层次分析法
纪颖（2018）	生态康养旅游评价指标体系	以丽水市为例，从环境、产品、基础设施建设与服务、综合管理4个方面构建了评价体系	层次分析法
李济任（2018）	森林康养旅游开发潜力评价	基于AHP构建了开发潜力评价体系	层次分析法、模糊综合评价法
刘红梅（2020）	桂林市全域旅游发展水平评价研究	以全域旅游为视角，构建了旅游发展水平评价体系	层次分析法

资料来源：根据前期相关研究文献整理。

　　在代表性研究的基础上，本报告立足区域实际，围绕云南康养旅游的资源禀赋、社会支持、服务配套、产业融合创新和效益共享等方面来选取评价指标因子，并初步设计构建了包含5个维度65个指标的评价体系；再将这一评价体系框架以发放问卷的形式向从事旅游相关研究的 20 位专家学者进行意见征询，在综合分析专家学者反馈意见的基础上，对具体指标进行了多重共线性检验，即计算方差膨胀因子（VIF）。经检验，剔除了"国家 3A 级以上旅游景区空间数量""特色建筑平均容积率""旅游行业协会数量""游憩设施数量"等指标，最终获得 5 个维度 49 个指标，构成了云南康养旅游发展水平评价体系框架（见表 3）。

表 3 云南康养旅游发展水平评价体系框架

准则层	分类层	指标层	指标性质
康养旅游资源禀赋	自然康养环境	绿地覆盖率	正指标
		空气质量	正指标
		地表水质量	正指标
		负氧离子	正指标
		气候舒适度	正指标
		海拔	负指标
	人文康养环境	国家级非物质文化遗产数量	正指标
		中医药养生文化	正指标
		民俗养生文化	正指标
	康养旅游资源	资源规模	正指标
		资源独特性	正指标
		资源品质	正指标
		资源多样性	正指标
康养旅游社会支持	资金投入	水利和公共设施管理固定资产投入	正指标
		住宿和餐饮固定资产投入	正指标
		文化、体育和娱乐业固定资产投入	正指标
	管理机制	管理机构	正指标
		管理制度	正指标
		智慧管理	正指标
	培训教育	康养旅游培训	正指标
		科普教育	正指标
	机制保障	区级以上康养旅游示范区及创建单位数量	正指标
		促进康养旅游发展的综合性政策	正指标

续表

准则层	分类层	指标层	指标性质
康养旅游 服务配套	食住	高星级酒店数量	正指标
		精品酒店及民宿数量	正指标
		限额以上住宿和餐饮法人企业数量	正指标
	行	公路路网密度	正指标
		铁路总里程	正指标
		航班年旅客吞吐量	正指标
		每万人拥有公共汽车数	正指标
	购	年度社会消费品零售总额	正指标
	娱	康养旅游节庆活动	正指标
		康体疗养类活动	正指标
		运动健身类活动	正指标
	健康医疗	医疗机构及理疗中心	正指标
		医疗保健品供应场所	正指标
	其他	标准化旅游厕所	正指标
产业融合 创新	"康养旅游＋"	康养旅游与商业的融合程度	正指标
		康养旅游与文化的融合程度	正指标
		康养旅游与服务业的融合程度	正指标
		康养旅游与医疗的融合程度	正指标
		康养旅游与体育的融合程度	正指标
效益共享	经济效益	旅游总消费	正指标
		年接待游客量	正指标
		第三产业从业人员比重	正指标
	社会效益	城镇化率	正指标
	生态效益	人均公园绿地面积	正指标
		城乡生活污水处理达标率	正指标
		森林覆盖率	正指标

（三）数据指标赋值与量化

1. 指标数据的获取

本报告所构建的云南康养旅游发展水平评价体系有 5 个维度共计 49 个

指标，各个指标数据的获取方式存在一定的差异性，因此本报告采取多种赋值方法，对康养旅游发展水平进行客观评价。对于指标数据的获取，一是通过统计资料分析，二是参考相关标准、专家评估，同时部分数据还需要进一步通过实地调研获取。

2. 指标量化处理

在云南康养旅游发展水平评价体系中，各个指标数据获取方式存在差异。为了更加科学、客观地进行评价，本报告对指标进行了规范化处理。

（1）正向化处理

正向指标是有正向作用的量化指标，该类指标值越大，作用就越大；逆向指标是有负向作用的量化指标，该类指标值越小，作用就越大。正向化处理见式（1）。

$$X^* = 1/X' \tag{1}$$

式（1）中，X'为逆向指标值，X^*为正向指标值。

（2）无量纲化处理

各个指标相关释义存在差异，将导致在量纲上存在偏差。为统一指标数据，使得评价科学合理，解决数据的异量纲性，本报告对指标进行了无量纲化处理。正向指标、负向指标无量纲化处理见式（2），无量纲化处理后，取值分布在［0，1］。

$$X_{ij} = X_i/\max X_i \quad (1 \leqslant i < n)$$
$$X_{ij} = \min X_i/X_i \quad (1 \leqslant i < n) \tag{2}$$

（四）权重的确定

本报告采用层次分析法对指标权重进行计算，邀请了 10 位旅游管理工作者及 10 位高校旅游研究方面的专家对各指标的重要性进行评判，共获得有效问卷 20 份，有效率 100%。通过筛选指标，并根据一致性检验方法对判断矩阵进行检验，构建的指标体系所有判断矩阵均小于 0.1，满足一致性检验的要求，从而得到权重结果和排序，如表 4 所示。

表 4　云南康养旅游发展水平评价指标权重结果和排序

一级指标	权重	二级指标	权重	三级指标	权重	总权重	总排序
康养旅游资源禀赋 A1	35.00%	自然康养环境 B1	53.33%	绿地覆盖率 C1	16.48%	3.08%	12
				空气质量 C2	21.48%	4.01%	2
				地表水质量 C3	17.22%	3.21%	9
				负氧离子 C4	18.33%	3.42%	7
				气候舒适度 C5	16.48%	3.08%	12
				海拔 C6	10.00%	1.87%	25
		人文康养环境 B2	23.33%	国家级非物质文化遗产数量 C7	23.70%	1.94%	24
				中医药养生文化 C8	42.96%	3.51%	6
				民俗养生文化 C9	33.33%	2.72%	15
		康养旅游资源 B3	23.33%	资源规模 C10	12.50%	1.02%	38
				资源独特性 C11	31.25%	2.55%	17
				资源品质 C12	37.92%	3.10%	11
				资源多样性 C13	18.33%	1.50%	31
康养旅游社会支持 A2	11.33%	资金投入 B4	44.44%	水利和公共设施管理固定资产投入 C14	28.15%	1.42%	32
				住宿和餐饮固定资产投入 C15	40.74%	2.05%	21
				文化、体育和娱乐业固定资产投入 C16	31.11%	1.57%	29
		管理机制 B5	28.33%	管理机构 C17	41.48%	1.33%	34
				管理制度 C18	30.37%	0.98%	39
				智慧管理 C19	28.15%	0.90%	43
		培训教育 B6	10.56%	康养旅游培训 C20	50.00%	0.60%	47
				科普教育 C21	50.00%	0.60%	47
		机制保障 B7	16.67%	区级以上康养旅游示范区及创建单位数量 C22	50.00%	0.94%	41
				促进康养旅游发展的综合性政策 C23	50.00%	0.94%	41

续表

一级指标	权重	二级指标	权重	三级指标	权重	总权重	总排序
康养旅游服务配套A3	22.67%	食住B8	31.33%	高星级酒店数量C24	27.41%	1.95%	23
				精品酒店及民宿数量C25	44.44%	3.16%	10
				限额以上住宿和餐饮法人企业数量C26	28.15%	2.00%	22
		行B9	16.44%	公路路网密度C27	32.50%	1.21%	35
				铁路总里程C28	30.42%	1.13%	36
				航班年旅客吞吐量C29	28.75%	1.07%	37
				每万人拥有公共汽车数C30	8.33%	0.31%	49
		购B10	3.33%	年度社会消费品零售总额C31	100.00%	0.76%	44
		娱B11	10.44%	康养旅游节庆活动C32	28.15%	0.67%	46
				康体疗养类活动C33	40.00%	0.95%	40
				运动健身类活动C34	31.85%	0.75%	45
		健康医疗B12	28.22%	医疗机构及理疗中心C35	78.33%	5.01%	1
				医疗保健品供应场所C36	21.67%	1.39%	33
		其他B13	10.22%	标准化旅游厕所C37	100.00%	2.32%	19
产业融合创新A4	13.67%	"康养旅游+"B14	100.00%	康养旅游与商业的融合程度C38	13.00%	1.78%	26
				康养旅游与文化的融合程度C39	19.33%	2.64%	16
				康养旅游与服务业的融合程度C40	24.00%	3.28%	8
				康养旅游与医疗的融合程度C41	27.00%	3.69%	3
				康养旅游与体育的融合程度C42	16.67%	2.28%	20
效益共享A5	17.33%	经济效益B15	51.11%	旅游总消费C43	40.00%	3.54%	5
				年接待游客量C44	32.59%	2.89%	14
				第三产业从业人员比重C45	27.41%	2.43%	18
		社会效益B16	21.11%	城镇化率C46	100.00%	3.66%	4
		生态效益B17	27.78%	人均公园绿地面积C47	31.85%	1.53%	30
				城乡生活污水处理达标率C48	32.59%	1.57%	28
				森林覆盖率C49	35.56%	1.71%	27

（五）综合评价计算模型的建立

1. 建立线性评价函数

本报告在 5 个维度共计 49 个指标的基础上，使用加权函数法建立线性评价函数，线性评价函数公式如下：

$$Y = \sum_{i=1}^{Nb} B_I \left\{ \sum_{j=1}^{Nc} C_j \left[\sum_{k=1}^{Nd} (D_k \times X_k) \right] \right\} \tag{3}$$

式（3）中，Y 为综合发展水平评价值，X 为各单项指标的标准化分值，B、C、D 为各层指标对应的权重。

2. 划分水平等级标准

本报告借鉴国内外类似旅游景区或旅游目的地发展评价等级划分标准，将旅游目的地康养旅游发展水平按照分值划分为 5 个等级（见表5）。

表5 康养旅游发展水平等级划分标准

单位：分

分值	0~30	31~60	61~75	76~90	91~100
康养旅游发展水平	低	较低	一般	较高	高

三 西双版纳康养旅游发展水平评价分析

（一）西双版纳旅游业发展现状

西双版纳是国家级重点风景名胜区、国家级生态示范区、联合国教科文组织世界生物圈保护区网络成员和联合国世界旅游组织旅游可持续发展观测点，融民族风情、热带雨林、观赏植物、野生动物等自然和人文景观为一体，旅游业发展起步早，具备良好的基础。2019 年，西双版纳共接待国内外游客 4853.21 万人次，旅游总收入达 827.98 亿元，同比增长 23.4%，保持了良好的发展势头（见图1、图2）。

近年来，西双版纳旅游人数和旅游收入均呈稳步增长态势，尤其是2017~2019 年加速增长趋势明显。2020 年，受新冠肺炎疫情的影响，我国

图1 2015~2019年西双版纳旅游人数及其增长速度

资料来源：《西双版纳傣族自治州2019年国民经济和社会发展统计公报》。

图2 2015~2019年西双版纳旅游总收入及其增长速度

资料来源：《西双版纳傣族自治州2019年国民经济和社会发展统计公报》。

旅游业遭遇较大的挫折与挑战，在疫情防控常态化时期，西双版纳积极推动复工复产，取得了较快的恢复。2021年上半年，全州接待国内外游客1560.75万人次，同比增长144.4%；实现旅游综合总收入226.40亿元，同比增长174.0%。

（二）西双版纳康养旅游供给现状

西双版纳旅游业发展具有较长的历史，形成了较为坚实的产业基础。截至2019年底，西双版纳住宿和餐饮业生产总值达276142万元，较上年同期增长 5.7%①；拥有 1 个国家级旅游度假区，2 个省级旅游度假区，17 家 A 级旅游景区，29 家高端品牌酒店，1000 多家经济型酒店和客栈民宿；床位超 10 万个，旅行社 123 家，持证导游 724 名，旅游车辆 900 余辆，旅游业规模不断壮大，体系不断完善。

（三）西双版纳康养旅游产业融合现状

近年来，西双版纳大力培育"美丽中国·雨林胜地"旅游品牌，全力推进世界旅游名城建设，着力把自身打造成热带雨林美景最佳观赏地、傣族文化体验地、避寒养生和旅游度假胜地，从"热带风情旅游目的地"真正转型为"全季节度假型旅居目的地"，为云南省打造"健康生活目的地"呈现一个"西双版纳样板"。

但目前，西双版纳的康养旅游发展面临同质化现象较为突出的问题。一是国际市场竞争力严重不足，旅游产品的国际影响力、吸引力不足；二是康养旅游产品结构性问题突出，低端产品过剩，中高端产品占比不高，国际化精品较少；三是康养旅游地产比重过高，康养旅游业态模式趋同，亟须解决存量优化问题；四是国际化旅游基础设施建设不完备；五是投融资机制不够完善，建设资金缺乏保障。

（四）西双版纳康养旅游发展水平评价

结合前文的康养旅游发展水平评价体系、综合评价计算模型，本报告对西双版纳康养旅游发展水平进行综合评价。调研组共发放 200 份问卷，于 2021 年 2 月邀请了 150 位旅游业从业人员及 50 位专家学者对各指标进行评判及打分，有效问卷共计 186 份，有效率 93%。专家打分均值占总得分的 60%，旅游业从业人员打分均值占 40%。西双版纳康养旅游发展水平评价得分见表 6。

根据打分数据和权重排序，应用加权线性评价函数公式进行计算，得出西双版纳康养旅游发展水平分值为 71 分，处于 31～75 分段，发展水平为"一般"。

---

① 资料来源：《西双版纳傣族自治州 2019 年国民经济和社会发展统计公报》。

表6 西双版纳康养旅游发展水平评价得分

单位：分

准则层	分类层	指标层	专家打分均值	旅游业从业人员打分均值	总得分
康养旅游资源禀赋	自然康养环境	绿地覆盖率	80.0	85.0	82.0
		空气质量	80.5	79.5	80.1
		地表水质量	90.0	85.0	88.0
		负氧离子	90.0	77.5	85.0
		气候舒适度	62.5	65.0	63.5
		海拔	60.0	65.5	62.2
	人文康养环境	国家级非物质文化遗产数量	92.0	90.0	91.2
		中医药养生文化	85.0	85.0	85.0
		民俗养生文化	65.5	72.5	68.3
	康养旅游资源	资源规模	60.0	66.5	62.6
		资源独特性	80.0	75.5	78.2
		资源品质	85.0	87.5	86.0
		资源多样性	85.0	80.0	83.0
康养旅游社会支持	资金投入	水利和公共设施管理固定资产投入	50.0	62.5	55.0
		住宿和餐饮固定资产投入	65.5	60.0	63.3
		文化、体育和娱乐业固定资产投入	50.0	57.5	53.0
	管理机制	管理机构	75.5	68.0	72.5
		管理制度	60.0	55.5	58.2
		智慧管理	65.0	72.5	68.0
	培训教育	康养旅游培训	52.0	64.5	57.0
		科普教育	64.0	76.5	69.0
	机制保障	区级以上康养旅游示范区及创建单位数量	80.0	75.0	78.0
		促进康养旅游发展的综合性政策	92.0	90.0	91.2
康养旅游服务配套	食住	高星级酒店数量	70.0	65.5	68.2
		精品酒店及民宿数量	85.0	92.5	88.0
		限额以上住宿和餐饮法人企业数量	60.0	65.0	62.0
	行	公路路网密度	65.5	55.0	61.3
		铁路总里程	40.0	52.5	45.0

续表

准则层	分类层	指标层	专家打分均值	旅游从业人员打分均值	总得分
康养旅游服务配套	行	航班年旅客吞吐量	58.5	67.5	62.1
		每万人拥有公共汽车数	70.0	68.0	69.2
	购	年度社会消费品零售总额	47.5	55.0	50.5
	娱	康养旅游节庆活动	40.0	45.0	42.0
		康体疗养类活动	60.0	75.0	66.0
		运动健身类活动	50.0	55.5	52.2
	健康医疗	医疗机构及理疗中心	65.0	60.0	63.0
		医疗保健品供应场所	60.0	60.0	60.0
	其他	标准化旅游厕所	75.0	70.5	73.2
产业融合创新	"康养旅游+"	康养旅游与商业的融合程度	60.0	72.5	65.0
		康养旅游与文化的融合程度	60.0	80.5	68.2
		康养旅游与服务业的融合程度	75.0	65.5	71.2
		康养旅游与医疗的融合程度	55.5	75.0	63.3
		康养旅游与体育的融合程度	65.0	65.0	65.0
效益共享	经济效益	旅游总消费	82.0	92.0	86.0
		年接待游客量	95.0	87.5	92.0
	社会效益	第三产业从业人员比重	90.0	92.0	90.8
		城镇化率	90.0	80.5	86.2
	生态效益	人均公园绿地面积	96.5	75.0	87.9
		城乡生活污水处理达标率	90.0	92.0	90.8
		森林覆盖率	97.5	94.0	96.1

从西双版纳康养旅游发展水平评价的结果和分值区间可以看出，西双版纳康养旅游具有一定的资源优势，在挖掘地方特色、共享康养旅游效益等方面发展较好，但也面临如下问题。

第一，康养旅游资源的规模、独特性等方面评分较低，表明其并未具有较为明显的康养旅游资源特色和不可复制性，说明西双版纳康养旅游资源在吸引力方面存在来自其他旅游目的地的竞争威胁。

第二，在康养旅游资源禀赋及配套设施方面，存在资源挖掘不足、康养旅游规模有待扩大、健康医疗类设施条件差、康养旅游资金支持力度较弱等问题。

第三,管理运营、空间规划、产品组合等方面还需进一步提升,在文化、体育和娱乐业固定资产投入、康养旅游活动策划方面还存在较大的差距。

第四,在以外来投资的地产企业为主的康养旅游项目建设过程中,部分项目存在地产化严重的问题。

四 推进西双版纳康养旅游发展的优化策略

(一)改善康养旅游环境,推动康养旅居型旅游模式发展

西双版纳最宝贵的是绿水青山,将绿水青山转化为金山银山是发展康养旅游的最佳路径之一,从康养旅游发展水平评价结果来看,西双版纳具有得天独厚的自然康养环境优势,但从西双版纳康养旅游产业发展的全过程来看,存在重开发、轻保护的问题。因此,西双版纳需要发挥康养旅游资源优势,保护康养旅游目的地生态环境,打造独具热带雨林魅力的康养旅游目的地,推动康养旅居型旅游模式发展。

(二)推进旅游供给侧结构性改革,丰富康养旅游产品

加强旅游供给侧结构性改革,建立和完善康养旅居智慧化服务体系和"旅居一体"的社区康养产品、短期康养度假产品等。在产品开发思路上,一是可以建设特色小镇和特色旅游村,以茶文化、傣族及布朗族文化等为核心,突出"傣乡康养"主题;二是突出热带资源景观及边境人文景观,加快跨境国际旅游圈建设,建设茶马古道等精品旅游线路;三是依托大面积的原始森林,开发森林康养、民宿、餐饮等一系列产品;四是依托当地的傣医药资源,打造傣医药康养旅游示范基地;五是开发多样化的生态康养服务项目,如治未病医疗配套、健康管理咨询、高端医疗服务、康复疗养机构等。

（三）加强康养旅游业态创新，深化产业融合

推进一二三产业融合，形成产业综合体和新业态，聚焦"文、游、医、养、体、学、智"全产业链，在创建国际康养旅游示范区上有所突破。在与第一产业融合方面，考虑与茶产业、热带水果产业、特色畜牧业等融合发展；在与第三产业融合方面，考虑与傣族文化、体育资源、傣医药资源、民宿旅游等融合，建立原生态康养景区、生态雨林深度体验地、傣医药康养旅游示范基地等。

（四）抓住中老铁路建设机遇，推进跨境康养旅游发展

统筹发展与安全，一方面加快边境立体化防控体系建设，打击跨境违法犯罪活动，为旅游者的安全保驾护航；另一方面紧抓中老铁路建成通车的历史机遇，推进跨境康养旅游发展，打造国际化康养旅游目的地。

参考文献

杨懿、田里、胥兴安：《养生旅游资源分类与评价指标体系研究》，《生态经济》2015年第8期。

李晓琴等：《低碳旅游景区评价指标体系及发展模式研究》，四川大学出版社，2015。

黄震方等：《生态旅游资源定量评价指标体系与评价方法——以江苏海滨为例》，《生态学报》2008年第4期。

刘甜甜：《中国自然保护区养生旅游评价指标体系构建及其应用研究》，博士学位论文，东北林业大学，2013。

贺广江：《康体养生旅游目的地评价指标体系构建及应用研究——以都江堰青城山镇为例》，硕士学位论文，四川师范大学，2017。

赵云云：《基于产业融合理论的养生旅游集群发展研究》，硕士学位论文，浙江工商大学，2010。

张丽霞等：《我国傣药资源的调查与整理研究》，《中国中药杂志》2016年第16期。

孔令怡、吴江、曹芳东：《环渤海地区沿海城市滨海养生旅游适宜性评价研究》，《南京师大学报》（自然科学版）2017年第2期。

丰晓旭、夏杰长:《中国全域旅游发展水平评价及其空间特征》,《经济地理》2018年第4期。

胡春华:《生态康养旅游指标体系的构建与实证研究——以曾家山旅游区为例》,硕士学位论文,成都理工大学,2015。

郭亚容等:《康养旅游项目的开发潜力评价体系构建》,《西南林业大学学报》(社会科学版)2020年第5期。

刘红梅:《桂林市全域旅游发展水平评价研究》,硕士学位论文,桂林理工大学,2020。

杨红英、杨舒然:《融合与跨界:康养旅游产业赋能模式研究》,《思想战线》2020年第6期。

Ⅲ 案例篇

Case Studies

B.7
红河州康养旅游发展研究

梁 坚 朱永明 杨 毅 蒲 艳 薛 锦[*]

摘 要：红河哈尼族彝族自治州康养旅游资源丰富，生态环境优越，经济发展水平在云南省名列前茅，社会文化条件良好，这为其康养旅游发展奠定了坚实基础。弥勒市凭借其温泉资源所开发的湖泉生态园康养旅游项目，为游客提供养生、健体、休闲、娱乐旅游活动，成为云南省早期康养旅游品牌项目。石屏县龙韵养生谷充分运用森林、温泉等自然生态资源优势和野生菌特色文化，打造具备观光、养生、休闲、健体等功能的康养旅游综合体，成为红河哈尼族彝族自治州第一个以康养旅游冠名的典型案例。康藤·红河谷帐篷营地集梯田景观、哈尼文化、养生休闲于一体，其

* 梁坚，硕士，云南大学工商管理与旅游管理学院讲师，主要研究方向为旅游文化；朱永明，博士，云南大学工商管理与旅游管理学院副教授，主要研究方向为财务会计、旅游管理；杨毅，硕士，云南大学工商管理与旅游管理学院讲师，主要研究方向为旅游管理；蒲艳，云南大学工商管理与旅游管理学院硕士研究生，主要研究方向为财务会计；薛锦，云南大学工商管理与旅游管理学院硕士研究生，主要研究方向为财务会计。

品质和服务质量达到较高水平，游客满意度高，成为目前云南省康养旅游产品的重要类型。但这些项目目前还存在康养旅游发展意识不够明确、游客健康管理设施和服务欠缺、科学康养膳食体系尚未形成和产品文化内涵不足等问题。

关键词：康养旅游；项目开发；红河州

Research on the Development of Health and Wellness Tourism in Honghe Prefecture

Liang Jian, Zhu Yongming, Yang Yi, Pu Yan, Xue Jin

Abstract：Honghe Hani and Yi Autonomous Prefecture has a solid foundation for the development of health and wellness tourism with its favorable conditions, including abundant health and wellness tourism resources, premium ecological environment, top economic level in Yunnan, and good social and cultural circumstances. Based on its rich hot spring resources, Mile has developed Huquan Ecological Garden, providing healthcare and leisure tourism activities and becoming the early health and wellness image product in Yunnan. Longyun Health and Wellness Valley in Shiping makes full use of its forest and hot spring resources and mushroom cultivation culture to build a comprehensive health and wellness tourism program of sightseeing, healthcare, leisure and bodybuilding, thus becoming the first case entitled health and wellness tourism in Yunnan. Vinetree · Honghe Tented Resort is a glamping product combining terraced field landscape, Hani culture, leisure and healthcare, becoming an important type of Yunnan health and wellness tourism products with its high quality both in product itself and service and high consumer satisfaction. However, the above products are all faced with problems such as inadequate awareness of developing health and wellness tourism, lack of health management facilities and human resources, lack of scientific health and wellness food system and inadequate cultural integration.

Keywords：Health and Wellness Tourism; Project Development; Honghe Prefecture

康养旅游指通过养颜健体、营养膳食、修身养性、关爱环境等各种手段，使人在身体、心智和精神上都达到自然和谐的优良状态的各种旅游活动的总和。2016年1月5日，国家旅游局颁布了《国家康养旅游示范基地》这一行业标准，为我国康养旅游目的地建设提供了重要依据。2019年7月，课题组在对红河哈尼族彝族自治州（以下简称"红河州"）康养旅游资源进行文献资料研究的基础上，对照《国家康养旅游示范基地》，选择弥勒湖泉生态园（以下简称"湖泉生态园"）、石屏县龙韵养生谷（以下简称"龙韵养生谷"）和康藤·红河谷帐篷营地作为调研对象，对以上3个康养旅游项目的发展历程、产品特色、运营状况及存在的问题进行研究。

红河州地处云南省东南部，北连昆明、曲靖，东接文山，西邻玉溪、普洱，北回归线横贯东西，总面积3.293万平方公里。红河州地处低纬度亚热带高原型湿润季风气候区，雨水充沛，阳光充足，年平均气温16～20℃，气候舒适宜人，全州森林覆盖率达50.29%，在这里人们可以充分享受良好生态环境的滋养。红河州是"2015年度中国十佳绿色城市"和"2017年度中国绿色发展优秀城市"；2018年，元阳县哈尼梯田遗产区被命名为"绿水青山就是金山银山"实践创新基地。红河州是一个多民族聚居的边疆少数民族自治州，有哈尼族、彝族、苗族等10个世居民族，少数民族人口241万人，占总人口的61.5%，创造了灿烂多彩的少数民族节日、服饰、饮食和文学等文化。

红河州自然资源优越、生态环境宜居、文化丰富多彩、经济潜力巨大，为其康养旅游发展奠定了坚实基础。

一 主要康养旅游项目概况

（一）湖泉生态园

弥勒地处亚热带季风气候区，平均海拔1300米左右；年均降雨量990.4毫米；年均气温17.2℃，最高气温36.1℃，最低气温-4.6℃，光照充足。弥勒温泉密布，有"半个城市是温泉"的美誉，是著名的康养胜地。这些特点为弥勒康养旅游的发展奠定了重要基础。

近年来，弥勒依托其优越的自然、经济及社会资源，紧紧抓住云南省委、省政府大力打造"绿色能源、绿色食品、健康生活目的地"的机遇，秉承"生态产业化、产业生态化"的绿色发展理念，积极促进康养旅游的发展。2017年，弥勒确定了"打造国际一流健康生活目的地"的发展定位，不断创新康养旅游业态。同年，弥勒启动了太平湖森林小镇、东风韵小镇、红河水乡小镇、可邑小镇等4个特色小镇项目，2018年1~8月，4个特色小镇共接待游客200余万人次，旅游创收近千万元。参照《国家康养旅游示范基地》行业标准，课题组把湖泉生态园作为弥勒康养旅游项目的研究案例。

湖泉生态园建于2003年，是由当地政府委托红河卷烟厂投资建设的大型人工休闲康养景区，康养旅游产品有以下几个。一是露天温泉大厅，可容纳200人，大厅旁是3个天然的大泡池，大厅左边是保健按摩室，山顶是半山中草药泡池，共有12个各具特色的泡池，有中药、茉莉花、牛奶、薰衣草、柠檬等泡池类型。温泉水质属"重碳酸钙"型天然温泉水，含有多种对人体有益的矿物质和微量元素。二是桑拿休闲中心，临近露天温泉大厅和水上乐园，是集影视、美容美发、洗浴、桑拿、餐饮于一体的大型娱乐中心。三是湖泉酒店（见图1），按五星级标准于2003年1月开始建设，于2007年5月全部建成并投入使用，目前正在准备申报五星级酒店，总投资超3亿元。湖泉酒店包括A座、B座、C座和D座4座酒店，共有573间房间963个床位；房型有套房、豪华标间、豪华单间、子母间。四是沙滩休息室，位于湖泉生态园入口处，建筑风格独特，主要经营各种小吃、茶饮，总容纳人数为200人左右，在户外的人工沙滩上可以开展沙滩足球、排球等球类活动，这里也是承办各类晚会的理想场所。五是茶楼，位于湖畔，邻近露天温泉大厅，远眺湖泉酒店及水上乐园，使人与大自然达到有机融合。六是水上乐园，于2005年12月31日正式营业，以水上娱乐为主，设有儿童滑道、游泳池、水中吧、人造浪池。

（二）龙韵养生谷

石屏县位于红河州西北部，是传统农业县，94.6%为山区，少数民族人口超过50%。石屏县属亚热带高原山地季风气候，县内立体气候特点突出。

图 1　湖泉酒店

资料来源：红河州人民政府网站。

年平均气温 18.3℃，年降水量 786~1116 毫米，年均相对湿度达 75%，森林覆盖率在 62% 以上，自然条件优越，生态资源丰富。龙韵养生谷所在地石屏县龙朋镇最低海拔为 1514 米，最高海拔为 2050 米，气候温和，冬无严寒、夏无酷暑。年平均气温为 14.1~16.4℃，年降雨量 900~1200 毫米，有较为丰富的温泉资源，自然生态资源状况也可满足发展康养旅游的基本条件要求。

龙韵养生谷由红河龙韵休闲旅游开发有限公司开发，精心打造集林下中药材种植、野生菌采摘、林下旅游、康体产业、养生药膳于一体的林下康养景区。龙韵养生谷占地面积 4000 亩，拥有天然森林氧吧浴池、万亩竹海、浪漫樱花谷等主题游览区，以及野生三七、天麻、石斛等中药材采挖和"美丽邂逅野生菌"等休闲度假活动，配备欧式风格林间别墅木屋、观光栈道、野外露营、温泉泡池、CS 野战区等设施，每年可接待游客 73 万人次。龙韵养生谷曾获得"全国森林康养基地试点建设单位""乐游会员康养指定接待单位""红河州孝德旅游养生基地"等荣誉称号。

龙韵养生谷的特色如下。一是龙韵森林。龙朋镇森林覆盖率达 63%，龙韵养生谷内森林面积达 2000 余亩，在开发过程中最大限度地保留了生态林区，每立方厘米负氧离子含量为 1 万~3 万个，使龙韵养生谷成为天然氧吧。森林中开展了野生菌采摘、野生菌参观、真人 CS 等项目，并且建设了拓展训练基地、羽毛球馆、集装箱 KTV。二是龙韵温泉。温泉水是从地下湖引到上游然后自然流下的活水，温泉在竹林之中，自然清新。三是龙韵木屋，主要分为以下类型：生态养生木屋（见图 2），包括复式楼（5 间）、单间（13 间）、标间（14 间）；仿古四合院木屋，包括亲子间（2 间）、榻榻米（5 间）、标间（4 间）。还有同学楼（宿舍式，8 间）、小榻榻米（16 间）、夏令营拓展团队草坪帐篷（60 个）、室内帐篷（22 个）、沙发床（92 个）以及 6 间棋牌室。四是龙韵山珍。龙韵养生谷内有全国最大的野生菌采摘体验区，面积约为 1000 亩，还有滇重楼、黄精、三七、白及等林下名贵中草药 1000 亩，以及以樱花谷、玫瑰园为代表的花卉水果种植体验区300 亩。游客可以在餐厅里品尝当地特色美食和各种山珍。

图 2　龙韵木屋·生态养生木屋

资料来源：石屏县人民政府网站。

（三）康藤·红河谷帐篷营地

红河县地处云南省西南部、红河中游南岸。县内峰峦起伏、沟壑纵横，红河绕县境北缘奔流而过。红河县属亚热带季风气候，全年平均气温

20.9℃，年降雨量945.3毫米。县内森林资源丰富，森林覆盖率达50%，有被誉为"世界哈尼梯田之最"的宝华撒玛坝万亩梯田。适宜的气候、丰富的森林资源为红河县康养旅游发展奠定了良好基础。红河县内主要居住着哈尼族、彝族、傣族、瑶族等25个少数民族，少数民族人口占全县总人口的94%，其中哈尼族占79.93%，这为当地旅游业发展提供了丰富的少数民族风情元素。另外，从清咸丰年间到民国末年，迤萨人到东南亚的经商活动持续了将近一个世纪，为红河县旅游业留下了宝贵的文化资源。优良的生态环境和历史悠久的少数民族民俗文化为红河县康养旅游发展创造了极佳的前提条件。

近年来，红河县大力发展旅游业。早在2016年，全县接待国内外游客量就已达53.71万人次。其中接待海外游客1168人次，同比增长26.4%；国内游客53.59万人次，同比增长39.6%。实现旅游业总收入5.55亿元，同比增长52.1%。这对于进一步推动康养旅游这一特色业态在红河县的发展发挥了积极作用。

云南康藤旅游发展有限公司建于2009年12月，是中国首家经营高端帐篷营地的公司，致力于发掘独特资源，开发新兴生态旅游产品，提倡通过产品设计、运营模式来保护自然和文化多样性，实现可持续发展。公司已在云南建成康藤·高黎贡帐篷营地和康藤·红河谷帐篷营地，并成功投入运营。

康藤·红河谷帐篷营地（见图3）是国内首个"考古探秘"主题帐篷营地，获得了"五洲钻石奖·原创设计大奖"。康藤·红河谷帐篷营地占地46亩，藏身于世界文化遗产"红河哈尼梯田"之畔的"石头寨"的残垣断壁之中，营地从原有遗迹里选择了4户民居作为接待大堂、厨房、餐厅、梯田体验馆，并通过将原始建筑的石墙基底与夯土相结合的方式对其进行重塑。3个屋舍遗迹区域被怀有敬意地修复为遗迹公园的形态，展现了中式"马丘比丘"风格。营地根据哈尼文化和"森林、水系、村寨、梯田"4个要素共同构成的梯田文化，将帐篷客房划分成了4个区域并以此命名。每个客房庭院都配有按摩泡池，帐篷内采用自然主义设计风格，卫浴设施齐备，每一件家具都被精心挑选，还配备了地图、画架、望远镜等用品，居住于内仿佛回到了考古事业蓬勃发展的17～18世纪。营地包含17间带按摩泡池的帐篷客房、5个夯土公共空间和1个生态无边泳池。

图3 康藤·红河谷帐篷营地

资料来源：康藤旅游网站。

营地其他产品也各具特色。梯田体验馆"呷坤"展示了哈尼人稻作的生活场景与劳动工具，并成为一些稻作活动体验学习的场所。客人可以在适当的季节，放下水渠边的吊桥，到田中和当地人一起抓鱼摸虾、插秧收割。迷你图书馆"扎扎"由之前村寨中紧邻梯田灌溉水渠的一个废弃水管站改建而成，可以俯瞰梯田风景。开放酒吧"孜吧"是营地最抓人眼球的部分。游客可以在这"帆式"开放酒吧里沐浴着阳光，吹着田间的清风，直面万亩梯田，欣赏无边际的优美风光，调节身心，重获活力。与之相连的无边际生态泳池水深1.4米，为恒温泳池，以梯田田埂形态设计，自然地融入整个梯田环境。"勒宗舍"餐厅取意"来自各地的人聚居之所"。该餐厅原始建筑如今只剩下了一面长满了藤蔓植物的墙面，其余部分重新用夯土夯实，最多可容纳20位客人同时就餐，还有户外用餐空间，提供包括虫宴、哈尼蘸水鸡、干巴、山茅野菜、梯田鱼、红米在内的哈尼梯田餐饮。增值服务包括早餐徒步、捉梯田鱼、制作糯米糍粑、竹编、刺绣、篝火晚会（简单烧烤）等免费项目，以及撒玛坝环线游览、UTV田间越野等付费项目。

二　主要康养旅游项目分析

（一）特色分析

1. 项目可进入性较高

弥勒交通发达，周边地区的公路、铁路运输便捷。弥勒是红河州的"北大门"，也是连接省会昆明的要道，乘坐高铁从昆明到弥勒只需半小时，这为湖泉生态园游客提供了便利的交通条件。

龙韵养生谷位于石屏县龙朋镇竹园林区，距离昆明250公里、石屏县城45公里、通海县55公里，便于周边区域游客到达。

康藤·红河谷帐篷营地所处的红河县距离昆明260公里，自驾需约5小时；距县城迤萨镇约35公里，沿线道路为水泥路面，可选择乘坐客运汽车、由帐篷营地接送或自驾到达，交通便利。元阳哈尼梯田机场建成后，将对距离元阳县50公里的红河县旅游发挥推动作用，也将帮助康藤·红河谷帐篷营地项目扩大客源市场。

2. 产品模式各具特色

湖泉生态园集水城风光、生态景观于一体，园内建有酒店、沙滩、茶楼、游泳馆、温泉浴场、桑拿休闲中心等休闲设施，并有丰富多彩的水上娱乐项目。作为康养旅游景点，其产品模式为"休闲旅游＋温泉＋地产＋养生"模式。"生态湖区，天人合一""山水共享，天然浴""修身养性，食为天""欧派奢华下典雅居住"诠释了湖泉生态园康养旅游产品和服务的特点。另外，湖泉生态园内有棋牌、品茗、游泳、高尔夫、网球、羽毛球、乒乓球等休闲活动和体育运动，为游客提供多样化的康体活动，丰富了康养旅游产品内容。

龙韵养生谷采取"森林旅游＋温泉＋种植业文化＋养生"的康养旅游发展模式，融合了野生菌种植业、木屋产业和旅游服务业等产业。红河龙韵休闲旅游开发有限公司为龙韵养生谷内的农业生态休闲观光园项目投资了1.9亿元，已完成第一期建设，建成了集养生、生态观光、农耕体验、乡村度假和休闲运动于一体的综合型康养旅游区。

康藤·红河谷帐篷营地已形成主题明确、特色鲜明的"生态旅游＋野奢帐篷＋哈尼梯田稻作文化＋养生"的康养旅游发展模式。营地基于哈尼族传统民居，通过新颖、巧妙的设计，把星级住宿、露天沐浴、瑜伽运动、哈尼农耕体验、哈尼文化特色餐饮、徒步远足及越野车驾驶等诸多元素融为一体，游客在旅游活动中可满足其生态旅游实践、民族文化体验、养生休闲等需求，康藤·红河谷帐篷营地已成为备受高端游客喜爱的云南康养旅游项目。

3. 产品文化内涵较为丰富

康藤·红河谷帐篷营地康养旅游产品具有丰富的文化内涵。营地位于梯田文化遗产区，整个营地修建于哈尼族民居建筑遗址地，为游客创造了考古哈尼文化的绝佳机会。营地采用接近自然的帐篷居住形式，为游客提供高星级旅游住宿体验，体现了自然主义文化理念和"野奢"旅游新观念。同时，产品具有深刻的哈尼文化内涵，使游客融入少数民族文化情境，通过梯田体验、捉梯田鱼、制作糍粑、竹编、赶街、采摘等参与性活动，体验哈尼人的梯田稻作和田园生活，实现农耕文化与旅游活动的融合，为游客充分了解和学习哈尼族民居文化提供绝佳机会。在闲暇之余，游客还可以前往参观迤萨镇游马帮家族旧宅，体验马帮文化；或前往附近村寨领略其他古镇文化、少数民族风情，如长街宴、奕车歌舞等。

4. 康养膳食资源条件优良

龙韵养生谷拥有全国最大的野生菌种植区、林下名贵中草药种植区，以及以樱花谷、玫瑰园为代表的花卉水果种植体验区，为开发康养膳食创造了良好条件。龙韵养生谷餐厅可就地取材，为游客提供龙韵养生"三宝"药膳等康养膳食，游客也可以将自己在园内采摘的药材及菌类交由餐厅代为烹调。

康藤·红河谷帐篷营地具有康养膳食资源优势。哀牢山系植物物种资源丰富，营地提供的餐食绝大部分为就地取材，游客可以在营地农场亲自采摘蔬果，跟随厨师到哈尼集市发现最地道的野生食材，亲自到梯田里摸鱼捉虾，享受过桥米线、哈尼红米、稻田鱼、哈尼蘸水鸡、小黄牛干巴等原生态餐食。红河州主要康养旅游项目见表1。

表1　红河州主要康养旅游项目

项目	核心区						依托区
	康养资源优势	产品主题	特色内容	康体活动	医疗养生服务	康养膳食	接待设施、公共服务
湖泉生态园	优质温泉、人造城市休闲环境	中高端温泉养生	城市休闲娱乐、康体活动	球类、游船、棋牌	桑拿、按摩、理疗、美容服务	不突出	弥勒市住宿餐饮设施、公共服务及其他服务较完善
龙韵养生谷	森林氧吧、竹海、优质温泉、林下种植业	中端林下温泉养生	林下中药材、菌类、水果采摘	拓展运动、CS野战、棋牌	无	较完善	周边区域住宿餐饮设施、公共服务及其他服务不足
康藤·红河谷帐篷营地	优越的自然资源和生态环境、梯田文化遗产地、国家级湿地公园、哈尼文化	高端野奢帐篷营地	哈尼稻作、藤编文化体验	森林徒步、梯田徒步、不定期瑜伽、UTV田间越野	无	不突出	营地周边区域及红河县住宿餐饮设施、公共服务及其他服务较完善

资料来源：课题组根据调研资料整理。

（二）运营状况

湖泉生态园于2007年5月全部建成并投入运营。目前，湖泉生态园经营状况良好。根据课题组对营销部王经理的访谈，湖泉生态园在游客高峰期的最高日接待量可达2万人次。游客市场主要包括省内、市内游客，并以家庭游客为主。湖泉生态园开发较早，作为云南省有代表性的康养旅游目的地，其游客喜爱度和满意度高。因此，口碑和品牌效应成为湖泉生态园的重要营销点。在采取传统的电视广告和纸质媒体宣传渠道的同时，湖泉生态园也增加了社交媒体营销方式，如通过互联网、微信公众号、抖音等进行营销。目前，为了提高市场占有率，湖泉生态园主要采取活动营销方式，如举办摄影比赛、国际运动赛事等。

龙韵养生谷于2016年8月开始营业，年接待游客量达40万人次，年盈利额为700万～800万元。龙韵养生谷节假日及周末以家庭游客为主，游客一般逗留2~3天,寒暑假以年轻游客为主,多为夏令营活动;非节假日时段中老年团队游客较多;主要客源地为云南省内周边地区。龙韵养生谷市场营销渠道包括社交媒体营销,如微信公众号及活动营销等,以及旅行社营销,如与旅行社合作吸引团队游客。

龙韵养生谷预计总投资1.9亿元,一期已投入5000万元。根据课题组对龙韵养生谷党委苏书记的访谈,龙韵养生谷二期规划建成休闲康养中心,重点放在进一步开发药材餐饮等康养膳食上。同时,龙韵养生谷将引进康养旅游产业所要求具备的医疗养生设施和人力资源,以完善康养旅游产品结构。龙韵养生谷还拟申报以林下经济为特色的特色小镇建设项目,初步计划建设30~50间阳光房,增强其产品竞争力。

康藤·红河谷帐篷营地于2018年7月投入运营,目前运营状况良好。根据课题组对该营地柳经理的访谈,康藤·红河谷帐篷营地由红河县政府与云南康藤旅游发展有限公司合作开发,由云南康藤旅游发展有限公司负责经营。截至2019年8月,营地共有17间帐篷客房,可接待35人左右。由于售价较高(3648~6366元/晚,此为去哪儿网2019年8月的价格),该营地自营业以来入住率为25%,年接待量为3000人次左右。营地游客主要来自一、二线城市,包括北京、上海、广州、深圳、重庆、成都等,这些游客都因深受帐篷营地氛围、生态环境和哈尼文化的强烈吸引而来,平均逗留时间为2~3天,绝大多数为自驾游客。营地现有员工30人,均为当地村民,按公司要求统一入住员工宿舍,便于公司进行管理。与传统酒店员工不同,村民作为营地员工,为游客了解、融入当地文化创造了更加便利的机会,朴实的村民与游客相处更加融洽,游客可以获得更具人情味的服务和更具自然主义风格的旅游体验。

柳经理介绍,营地的营销主要依靠公司网站、微信公众号等社交媒体渠道和口碑营销,老客户的口口相传和再访对康养旅游市场的维持具有重要作用。营地将延续当前的发展战略,仍然以高端客户为主要客源市场。目前的发展目标是继续把营地打造成知名高端康养旅游度假地,致力于服务小众游客,并不一味追求扩大市场。

三 主要康养旅游项目存在的问题与对策

（一）项目效应分析

1. 产品创意及质量分析

湖泉生态园具有独特的温泉资源和优美风光，整体环境能满足当代人远离城市喧嚣、放松身心的康养旅游需求，产品价格处于中高档旅游消费水平。弥勒市具有区位优势，交通方式多元化，公共服务设施较完善，为湖泉生态园的发展创造了良好条件。弥勒市餐食在味道、价格和绿色生态方面符合康养美食的发展要求。对照《国家康养旅游示范基地》行业标准关于核心区及依托区的要求，湖泉生态园已形成较成熟的中高端康养旅游产品。

根据《国家康养旅游示范基地》行业标准，龙韵养生谷在资源条件和产品开发方面达到较高水准。凭借优良的自然生态环境，龙韵养生谷利用森林、温泉、空气等重要自然元素，创造性地把当地的特色野生菌种植和名贵中草药种植作为重要开发内容，既产生了实用康养价值，又增添了产品的文化内涵，形成了主题明确、特色鲜明的康养旅游产品。红河龙韵休闲旅游开发有限公司具有较强的康养旅游产业发展意识和理念，为龙韵养生谷的进一步发展创造了良好条件，龙韵养生谷产品已达到中高级水平并具有较大规模。

凭借优越的资源条件和生态环境，康藤·红河谷帐篷营地已形成主题鲜明、特色突出的创新型康养旅游产品。通过创造性地对本地域大山、空气、水、植物、古村遗址等自然、生态、文化要素加以设计，营地整体布局合理、美观，在住宿、餐饮、康养设施和服务方面达到较高水平，旅游设施和服务较为完善。营地已形成高端个性化康养旅游产品。

2. 经济效应分析

湖泉生态园自2007年建成开业后，创造了可喜的经济效益，为弥勒旅游经济发展做出了巨大贡献。同时，其带动了整个区域包括酒店、房地产、餐饮、公共服务行业的快速发展，很快成为弥勒经济发展的重要驱动力量。

目前，湖泉生态园依然是弥勒市乃至云南省的知名康养旅游项目，将继续推动当地经济发展。

龙韵养生谷满足大众休闲、健康旅游需求，其产品定位准确，产品内容和价格符合工薪阶层消费能力，自营业以来效益良好，受到游客的好评和喜爱，带动了当地经济发展。龙韵养生谷注重采取高效经营管理模式，以实现较好的产业联动效应。红河龙韵休闲旅游开发有限公司把度假区内耕地及森林租赁给周围村寨或个人，由村民承包种植药材、野生菌和养生食材，公司餐厅或游客向村民购买药材、野生菌和蔬果，这既有利于公司的餐饮经营，又给村民带来了经济收入。

康藤·红河谷帐篷营地填补了红河县高端旅游产品的空白，取得了良好的经济收益，带动了当地旅游经济发展。营地同时发挥了带动当地就业的重要作用，营地内服务员工均为当地村民，营地还聘请其他村民不定期参与竹藤习作坊、梯田种植、捉梯田鱼等活动，为他们带来经济收入。同时，营地已形成康养旅游业态与观光度假旅游、文化旅游等旅游业态的产业联动，并与当地绿色有机农业紧密结合、融合发展。例如，为了给营地游客提供原生态食品，营地周围梯田被交由当地村民种植，营地回收水稻作物，既保证了营地餐食原料的优良品质，又给村民带来了经济收入，对当地的扶贫事业发挥了积极推动作用。

3. 社会文化效应分析

弥勒勇于探索，把生态建设引入城市新区开发，从而提升了城市功能，打造了城市名片，使自身成为云南省重要的康养旅游目的地、昆明游客的"后花园"和邻近地区的首选康养旅游目的地。随着弥勒在全省乃至全国知名度的提升，其社会文化环境得以改善，弥勒人对居住地和当地文化的认同和热爱不断加强，这有助于当地文化发展和文明建设。

龙韵养生谷投入运营后，成功地带动了当地村民就业，社会反响较好。当地人从良好的经济收益和社会效应中加强了对当地森林自然资源、野生菌文化、中药材资源重要性的认识，更加积极地投身资源保护工作和相关产业建设，这有利于康养旅游产业的长期健康发展。目前，龙韵养生谷成为石屏县旅游业的品牌产品，其积极的宣传效应成功提升了石屏县康养旅游目的地的形象。

康藤·红河谷帐篷营地成功实现了保护和传承哈尼文化的功能。营地原为哈尼族石头寨遗址，开发商在建设过程中非常重视对哈尼文化的保护，并将文化元素通过创意设计融入项目产品，使哈尼文化获得新的生命力并得以传承。营地完整地保留和展示了哈尼族民俗文化，使当地村民增强了民族文化认同感，提升了民族自豪感，对进一步强化少数民族文化保护意识起到了积极作用。目前，当地民众对哈尼传统民居、长街宴、东大门马帮家族旧居、哈尼歌舞等文化旅游吸引物的认识和保护意识空前加强，参与旅游就业的热情也有较大提高。只有以保护为基础，才能深入挖掘哈尼文化和马帮文化，凭借文化资源优势打造文化创意活动，丰富康养旅游产品内容，推动红河县旅游业的发展。

（二）存在问题及前景展望

1. 康养旅游尚未被列入专项旅游规划

在进行红河州康养旅游发展调研时，课题组发现，相比另一个调研地大理州，红河州各级旅游管理部门及旅游企业的康养旅游发展意识明显较弱。弥勒市文化和旅游局及湖泉生态园管理人员对康养旅游的认识较欠缺。相比而言，龙韵养生谷管理人员对康养旅游产品具备一定的认识，但缺乏系统性认识和康养旅游发展相关专业知识。

2019 年 11 月，红河县气象局启动红河县"中国天然氧吧"项目，这成为推动红河县康养旅游发展的重要举措。红河县文化和旅游局同期开展的项目还有直升机体验撒玛坝 1.6 万亩 4300 多级梯田等，这些项目也将促进康藤·红河谷帐篷营地康养旅游项目的发展。尽管如此，红河县文化和旅游局领导和营地管理人员的康养旅游发展意识仍显不足，亟待加强。另外，红河州康养旅游发展还存在相关政策措施尚未出台、康养旅游从业人员培训缺乏等问题。

2. 项目依托区服务功能建设有待加强

弥勒作为湖泉生态园依托区，主要具备以下优势：物价水平低，接待、餐饮设施完善，商业、医疗、教育、文化、体育等设施齐全；休闲服务、旅游信息咨询服务、旅游导向标识服务等公共服务设施较完善；市内外周边旅游景点多，便于游客选择。

作为龙韵养生谷依托区，石屏县尤其是龙韵养生谷周边区域的环境、交通、住宿餐饮及公共服务设施亟待加强建设。由于距离石屏县45公里，龙韵养生谷周边环境和公共服务设施对于提升其产品质量具有重要意义。目前，周边区域路面不达标、环境卫生较差和服务设施欠缺问题突出，公共服务设施如停车场、旅游信息服务中心、旅游商店等缺乏。另外，周边区域住宿、餐饮设施和服务缺乏。如果龙韵养生谷住宿满客，能够提供住宿餐饮的其他酒店餐馆均距离龙韵养生谷约20公里给游客出游带来极大不便。以上问题亟待解决。

作为康藤·红河谷帐篷营地依托区，红河县政府所在地迤萨镇拥有数量充足、不同档次的住宿、餐饮接待设施，对外交通较便捷，可进入性较强，区内各景点之间的交通也较为便捷。在主要特色街区和旅游集散中心，已覆盖无线4G网络或宽带网络并设置导向标识。在东大门街区，游客可参观展示红河县马帮文化的马帮家族旧居，这是游览休闲的绝佳选择。但迤萨镇依托区旅游信息咨询服务和智慧服务欠缺，尚不能为游客提供优质的信息服务。另外，无障碍设施的修建应被重视。营地周边的住宿餐饮设施、公共服务设施亟待加强建设。

3. 医疗养生设施和专业人力资源不足

湖泉生态园康养旅游产品以养生、药用价值较高的温泉洗浴、桑拿、按摩等服务为主要内容。此外，丰富多样的康养休闲活动、体育运动是湖泉生态园康养旅游产品中的特色，便于游客开展康养活动。湖泉生态园产品综合性较好，但游客健康管理意识和理念尚未形成，康养医疗设施建设和从业人员培训基本处于空白状态，亟待开发。

同样，龙韵养生谷和康藤·红河谷帐篷营地都存在重开发"康养"中的"养"产品，却忽略了开发"康"产品的问题。缺乏与相关产业如医疗产业的融合发展，是亟待解决的主要问题之一。根据访谈，龙韵养生谷将在二期发展阶段对健康管理进行重点规划。

红河州各康养旅游项目应加强规划，充分利用云南省生物资源和少数民族医药资源优势，大力投资建设健康管理设施和专门机构，引进培育专业医养人才，以完善康养旅游产品内容，真正实现康养旅游产品价值，使游客通过康养旅游活动回归自然、放松身心，并可以在专业医养人才的指导下改善身体状况、提升健康水平。另外，还应注重开发有当地特色的养生用品和保健品。应建立专门的旅游购物场所，销售康养旅游类产品。

4. 康养膳食开发欠缺

湖泉生态园康养餐饮目前并无明确规划。应强化养生餐饮理念和意识，充分利用弥勒康养食材类型多、品质好的优势进行开发。龙韵养生谷养生餐饮初具规模，具有一定的养生功能，但目前普及程度低，游客接受度不高，大部分游客仍然选择普通餐食。康藤·红河谷帐篷营地的养生餐饮初具规模，具有一定的养生功能，但尚未完全实现康养饮食的价值。

红河州各康养旅游项目应加强与相关机构的合作，展开康养膳食的科学研究和评估，完善康养膳食结构和内容，提升康养膳食的科学性和系统性，为游客带来有更高康养价值的膳食，进一步提高康养旅游产品的品位和价值。

5. 项目文化内涵有待提升

湖泉生态园应深入挖掘当地义化资源，如彝族文化、当地知名人士历史及故居文化、当地知名企业文化等，打造特色文化创意旅游产品，增加人文康养活动及服务，以丰富康养旅游产品内容，提升产品质量，以国际健康生活目的地为目标来建设康养旅游产业。

龙韵养生谷应进一步加强对种植业文化的挖掘，打造创新型康养旅游活动，增添产品特色，提升康养旅游产品的综合竞争力。另外，应加强对当地少数民族文化资源的研究和发掘，开发少数民族文化旅游活动，丰富康养旅游产品。

四 结论

红河州3个有代表性的康养旅游项目依托其核心康养旅游资源和经济社会环境优势，形成了各具特色的康养旅游产品。目前，红河州康养旅游业态初步形成，拥有低、中、高端康养旅游产品。弥勒市温泉资源优势明显，康养旅游产业具有较好的经济、社会和文化基础，湖泉生态园已成为云南省资源条件好、起步早、规模较大、较成熟的中端城市康养旅游目的地之一。龙韵养生谷以林下生态经济开发为宗旨，集森林、温泉、种植业文化于一体，成为云南省大众型中端森林康养旅游目的地。康藤·红河谷帐篷营地是红河县第一个高端野奢帐篷康养旅游项目，极大地丰富了红河县康养旅游产品的类型和层次，为红河县旅游业树立了品牌，同时是云南省康养旅游产品的重要补充。基于文献研究及对以上 3 个康养旅游项目的调研结果可以发现，红河州康养旅游产品在结构、类型、质量和创新性方面取得了较大发展。

但红河州康养旅游产品开发目前仍存在突出问题。各级政府及文化和旅游局需大力增强康养旅游发展意识，把握国家旅游部门相关方针政策并形成地方康养旅游发展战略和规划；需系统掌握康养旅游产品开发所需的专业理论知识，开展康养旅游专业人力资源培训工作，解决以上项目中存在的康养旅游项目依托区亟待完善、医疗养生服务缺乏以及科学系统的康养膳食尚未形成等突出问题，提升康养旅游产品质量，发挥示范作用，带动更多优秀康养旅游项目的建设，以促进红河州康养旅游产业快速发展，助力云南省实现打造高端化、国际化健康生活目的地的康养旅游建设目标。

参考文献

《旅游行业标准 LB/T 051 – 2016 国家康养旅游示范基地》，文化和旅游部网站，2016 年 1 月 5 日，https://zwgk. mct. gov. cn/zfxxgkml/hybz/202012/t20201224_920050. html。

《云南省康养小镇等级划分与评定办法（试行）》，前瞻产业研究院网站，2019 年 12 月 26 日，https://f. qianzhan. com/tesexiaozhen/detail/191226 – 54c9be35. html。

《关于促进健康旅游发展的指导意见》，卫健委网站，2017 年 5 月 17 日，http://www. nhc. gov. cn/guihuaxxs/s3585u/201705/fd9a24caca8a4553ad6213b6fa6d928f. shtml。

王欣等著：《中国康养旅游发展报告（2019）》，社会科学文献出版社，2020。

《"十三五"期间云南省发展健康养生业建设方案》，观研报告网，2017 年 2 月 27 日，https://zhengce. chinabaogao. com/wenhua/2017/022hh0502017. html。

蒲波、杨启智、刘燕：《康养旅游：实践探索与理论创新》，西南交通大学出版社，2019。

徐晓君：《大健康背景下康养旅游发展策略研究》，《旅游纵览》2020 年第 15 期。

杨红波：《云南温泉康养旅游产品开发探析》，《经贸实践》2018 年第 13 期。

吴万莹等：《基于游客感知视角的云南康养旅游开发策略》，《中国经济导刊（中）》
2020 年第 11 期。

叶宇、陈思宇、何夏芸：《国内康养旅游研究综述》，《旅游纵览（下半月）》2018
年第 4 期。

B.8
云南腾冲康养旅游案例研究

晏　钢　刘　愚　满忠帅　胡映勋[*]

摘　要： 本报告通过实际调查走访腾冲地区的康养旅游产业，包括腾冲国殇墓园、腾冲热海风景区、腾冲火山地热国家地质公园、和顺古镇、腾冲东山康养国际旅居小镇、腾冲江东银杏村景区等，了解其项目特色以及现阶段的发展情况，剖析产业发展存在的问题，提出相应的对策，供更多的康养旅游企业借鉴。本报告根据管理学和经济学中的相关战略思想和理论，提出以下建议：稳固旅游市场的消费基础，打好旅游产品基础，制定有实际意义的终端战略规划，提升服务品质，形成特色化优势，发挥好市场架构及团队管理的根本保障作用，脱离依靠地产营利的模式，打造信息化系统，使用"适应性"战略，做好快速适应的准备，找到新的发展机会。

关键词： 康养旅游；云南腾冲；实证分析；消费基础；产品基础；终端战略规划；服务品质；特色化优势

A Case Study of Tengchong Health and Wellness Tourism Industry

Yan Gang，Liu Yu，Man Zhongshuai，Hu Yingxun

Abstract： This report is through actual survey and visit of the Tengchong tourism industry，including Tengchong National Memorial Cemetery，Tengchong

---

* 晏钢，博士，云南大学工商管理与旅游管理学院教授，主要研究方向为传统文化与现代管理；刘愚，硕士，云南大学国际关系研究院"一带一路"院助理研究员，主要研究方向为东南亚研究；满忠帅，云南大学工商管理学院硕士研究生，主要研究方向为工程管理；胡映勋，云南大学工商管理学院本科生，主要研究方向为电子商务。

Rehai National Scenic Area, Tengchong Volcanoes National Geological Park, Heshun Ancient Town, Dongshan Healthcare Town, Jiangdong Ginkgo village, etc., to analyze the existing problems in the development of industry and put forward the corresponding countermeasures for more health and wellness tourism enterprises reference by understanding the characteristics of the project and the present development stage. According to the relevant strategic thoughts and theories in management and economics, the report put forward the basis of stabilizing the tourism market of consumption, lay the foundation of tourism products, formulate practical terminal strategic planning, improve the quality of service, form characteristic advantages, give full play to the fundamental guarantee role of market structure and team management, break away from the model of relying on real estate profit, build an information system and use "adaptive" strategies to be prepared to adapt quickly and find new growth opportunities.

Keywords：Health and Wellness Tourism；Tengchong of Yunnan；Empirical Analysis；Consumption Base；Product Base；Terminal Strategy Planning；Service Quality；Characteristic Advantages

引 言

腾冲隶属云南省保山市，位于云南省西南部，地处保山市西部，市区距省会昆明606公里，距缅甸密支那200公里，距印度雷多602公里，是中国通向南亚、东南亚的重要门户。截至2014年，腾冲土地面积5845平方公里，国境线长148.075公里，辖11镇7乡，总人口65.99万人。腾冲市内森林资源丰富，森林覆盖率达70.7%，横贯全市的高黎贡山物种丰富，被誉为"世界物种基因库"，被联合国教科文组织列为"生物多样性保护圈"。

腾冲是著名的侨乡、文献之邦和翡翠集散地，也是省级历史文化名城，由于地理位置重要，历代君主都派重兵驻守此地，明代在此建造的石头城被誉为"极边第一城"。腾冲地处亚欧板块与印度板块交界处，在地质史上发生过激烈的火山运动，两个大陆的漂移碰撞使腾冲成为世界罕见的火山地热并存区，有99座火山、88处温泉，非常适合大众康养旅游。然而一直以来，腾冲总体经济水平偏低，与全国的发展差距较大，2014 年，腾冲生产总值为 133.4 亿元，人均生产总值 20262 元。第一产业增加值 30.02 亿元，对经济增长贡献率为 15.96%，拉动经济增长 1.29%；第二产业增加值 48.41 亿元，对经济增长贡献率为 54.00%，拉动经济增长 4.37%；第三产业增加值 54.93 亿元，对经济增长贡献率为 30.04%，拉动经济增长 2.43%，三类产业结构比为 22.5∶36.3∶41.2。从腾冲的总体发展来看，比较突出的问题有以下几个：一是基础公共设施建设较为落后，道路交通不便，公路资源匮乏，腾冲市驼峰机场规模较小、吞吐量小；二是全市产业以种植业和旅游业为主，工业基础薄弱，茶叶加工业发展较为滞后，传统产业比重大，经济结构落后，需要进行产业转型和升级。

如今，腾冲特殊的地理位置以及独特的历史、自然、文化资源与国家"一带一路"倡议相结合，为腾冲的发展迎来了新的机遇。国务院在 2019 年印发了 6 个新设贸易试验区总体方案，提出德宏片区将重点发展跨境电商、跨境产能合作、跨境金融等产业，打造沿边开发先行区、中缅经济走廊的门户枢纽。在这样前所未有的机遇下，紧邻德宏的腾冲即将展开产业升级和跨境合作。未来几年，随着腾冲的不断发展和进步，各类产业将成为新的投资风口。例如，2018 年，腾冲市人民政府与四川德仁堂（控股）集团签订了意向合作协议。此次合作围绕 4 个项目展开，预计总投资 34 亿元，这 4 个项目分别为：腾冲幸福小镇康养旅游项目，项目估算投资 30 亿元，建设集医旅、康养、文化艺术于一体的 4A 级国际康养旅游胜地；清水乡镇邑关古村落开发项目，项目估算投资 2 亿元，建设集山区生态、古民居打造、生态观光公园、文化挖掘、休闲度假于一体的 4A 级古村落旅游度假区；菜籽油及系列产品加工项目，项目估算投资 2 亿元，以"公司＋基地＋农户"方式开发菜籽油精深加工产品；敬老院机构高品质管理项目，项目采用全托管或合资托管方式对康养敬老院、乡镇卫生院等机构进行运营管理。

腾冲在历史上曾是"古西南丝绸之路"的要冲，在抗日战争时期，腾冲是国际运送援华物资的主要枢纽，由此可见腾冲过去的重要经济地位和战略地位。随着社会的发展、科学的进步以及海陆空立体交通网络的建立，昔日的交通枢纽淡出了人们的视线。然而，随着"一带一路"倡议的提出，腾冲人民积极配合国家政策发展要求，把历史上曾是"古西南丝绸之路"的腾冲重新打造成现代国际化的大物流通道，这一举措符合国家发展战略的要求，带动各个国家在这条国际物流通道上进行交流和经济活动，从而带动腾冲经济的发展和服务水平的不断提高，同时实现腾冲历史文化的传播。在这一机遇下，腾冲需要把握好发展的关键节点，以此为契机，改变经济发展状况，努力实现未来发展的新格局。

案例一：腾冲热海风景区和腾冲火山地热国家地质公园

一 项目概况

腾冲火山地热国家地质公园位于云南省西南部。公园以古火山地质遗迹及地热泉为特色（见图1），有80余处地热泉，可以按温度高低划分或按物质成分划分，其种类之多，实为罕见。云南腾冲火山热海投资开发有限公司于2004年1月1日成立，目标为努力打造腾冲火山地热国家地质公园

图1　腾冲火山地热国家地质公园的地热泉

资料来源：笔者拍摄。

和腾冲热海风景区，并将其建设成国际知名的旅游休闲疗养度假胜地。腾冲热海风景区和腾冲火山地热国家地质公园以其深厚的人文历史、独特的自然山水、古朴的民风民情，形成了以旅游观光度假、温泉健康养生为主，集吃、住、行、游、购、娱于一体的现代旅游体系。

二　项目特色及进展情况

近年来，腾冲市委、市政府将旅游业当作全市"第一支柱性产业"，先后投资8300多万元，建成了马站火山群国家地质公园以及省级旅游度假区腾冲热海风景区，开发了高质量的特色康体休闲度假产品和火山湿地观光休闲产品等，使腾冲成为继丽江、大理之后的云南省第三大旅游亮点。腾冲坚持保护与开发并重的原则，提供集旅游观光、休闲疗养、度假养生等于一体的综合性服务，服务方式由手工、粗放服务不断向互联网、大数据、智能化服务转变。截至2018年10月底，腾冲热海风景区和腾冲火山地热国家地质公园累计接待游客1040.52万人次，累计实现经营收入12.2亿元，纳税总额8676.97万元，游客服务满意度达95.24%。

三　项目发展存在的问题与建议

腾冲热海风景区和腾冲火山地热国家地质公园资源开发深度不够，旅游基础设施和服务设施仍显薄弱，旅游产品资源开发层次不高，旅游产品较为单一，内容有待丰富，尚未形成对游客强有力的吸引。因此，腾冲热海风景区和腾冲火山地热国家地质公园需要从粗放经营向专业化经营迈进。互联网时代的到来，改变了以往信息不对称的大环境，"城乡一体化"格局已经形成，企业可以借助现代多媒体手段向互联网、大数据、智能化服务转变，品牌观念也在不断更新，品牌竞争将成为企业未来竞争的核心，所以腾冲旅游产业应该把品牌文化的提升放在企业发展的战略高度，持续打造高吸引力、高忠诚度的品牌。

首先，稳固旅游市场的消费基础，使之不断转化成市场成长所需的内在动力。一方面，腾冲旅游市场需要建立与可持续发展相匹配的消费基础。从调研中可以看到，腾冲部分高端住宿和温泉市场非常火爆，而低端市场却不尽如人意，没有足够大的消费群体。因此，要想给腾冲旅游市场建立可持续发展的消费基础，就必须实现旅游产品与消费需求的无缝对接。另一方面，腾冲旅游市场发展的关键是扩大消费群体。企业应该在现有旅游产品的基础上提升产品结构，通过开发不同档次、不同价位的旅游产品，吸引多层次的消费群体。同时，可以利用不同的旅游产品组合来扩大消费人群，如把爱国主义教育、自然观光、康体养生有效结合，让游客在放松休闲的同时，获取更多的历史文化知识，通过不同的旅游产品组合，为游客提供更多的消费选择，从而达到扩大消费群体的目的。另外，由于互联网、大数据等的引入，传统的旅游企业需要多渠道开展宣传，围绕顾客渠道开展工作，努力加大空白渠道的开发力度，达到更高的旅游市场占有率。

其次，打好旅游产品基础，使之成为腾冲旅游业可持续发展的根本保障。旅游企业必须在旅游产品方面下功夫，在现有产品中挖掘最具有发展潜力的旅游产品，突出差异化，建立良好的品牌形象，并打造受顾客青睐的美誉产品，不断扩大市场份额，使之成为旅游市场上的标志性旅游产品，带动周边旅游产品的共同发展，从而增强腾冲旅游业的品牌核心竞争力。

案例二：和顺古镇

一　项目概况

和顺古镇位于腾冲市区西南 4 公里处，古名"阳温墩"，小河绕村而过，故改名"河顺"，后取"士和民顺"之意，雅化为今名，现称和顺古镇。和顺是一座历史悠久、始建于明朝的古镇，它完整地保留了中国明清文化的特色，被誉为中国古代建筑的活化石。因为明代朱元璋的屯边制度使和顺古镇吸收了许多从中原迁来的移民，所以这里的民居还有徽派的建筑风格，在这里生活的居民大多是明初到云南从事军屯和民屯的四川人、江南人、中原人的后代。全镇人口 6000 多人，而侨居海外的和顺人则达12000 多人，因此和顺古镇也是云南著名的侨乡。当地深受儒家思想的影响，民众文化素质较高，村落风貌、民居建筑、民间工艺无不保存了中原文化的精髓。又由于是侨乡，海外游子们吸收了外国文化的精髓，与本地传统文化相互融合，创造了有着和顺特色的地域文化，表现在和顺古镇的建筑风格多为中西合璧，有南亚、东南亚的特点，宅院里还有不少西洋的工艺品和现代化用品。

二　项目特色及进展情况

和顺古镇曾是马帮重镇、"古西南丝绸之路"的必经之地，各种外来文化在此交融，但和顺古镇仍然保持着其古朴的风格。和顺古镇是西南最大的侨乡，400 多年前，这里的村民就开始"走夷方"。由于和顺古镇距离缅甸仅 70 公里，去那里做玉石生意的人很多，还有远走印度、美国、加拿大的，其中不乏成为巨富大贾的，他们衣锦还乡之后就在和顺古镇修建宅院和宗祠，全镇有八大宗祠，风格各异。和顺古镇以其独特的建筑风格、丰厚的文化底蕴、优美的田园风光开展文化旅游，成为云南著名的旅游胜地。2003 年，和顺古镇被《中国国家地理》《时尚旅游》等联合推荐为"人一生要去的 50 个地方之一"。和顺古镇的主要景点和顺书院（见图2）、元龙阁、艾思奇纪念馆、刘氏宗祠、文昌宫、弯楼子民居博物馆、滇缅抗战博物馆、和顺小巷、龙潭、双杉、陷河湿地、百岁坊、洗衣亭、中天寺和千手观音古树群等都是旅游者

图 2　和顺书院

资料来源：笔者拍摄。

必到之地。

和顺古镇非常适合发展康养旅游项目，古镇的自然生态环境和悠久的历史文化遗产让古镇充满了活力（见图3、图4、图5），古镇各个角落都设有大量的民宿，这样一个风光秀丽、安静祥和的地方非常适合居住。民宿价格通常在100元上下，旺季价格略高。绝大多数的民宅则作为商铺，向前来游玩的旅客出售一些有当地特色的手工艺品和小吃。从古镇总体的规划来看，其既保存了明代建造风格，又展现了和顺文化的精髓，还可以从道路两侧的石碑或文化长廊中看到很多的历史人物事迹。和顺古镇得天独厚的历史文化和自然风光，是发展康养旅游项目的优质资源。

图3 和顺古镇有文化底蕴的展览

资料来源：笔者拍摄。

三 项目发展存在的问题与建议

和顺古镇康养旅游产业目前存在一些问题，除了区位优势不明显，还有民俗文化旅游资源开发深度不够、旅游消费设施不配套、区域内商业形态不合理、缺乏高质量的旅游服务等。

首先，和顺古镇的规划者应该努力制定有实际意义的战略规划。正如

图4 彰显历史文化特色的和顺古镇

资料来源：笔者拍摄。

图5 和顺古镇的姓氏彩旗

资料来源：笔者拍摄。

笔者在调研中观察到的，整个腾冲的种植业、旅游业等传统行业所占生产总值的比重非常大，而工业和加工业等所占生产总值的比重较小，这一经济结构的劣势也体现在和顺古镇。笔者在沿商业步行街走访的过程中，发现大多数商铺在生产和加工一些初级的手工艺品，也有的商铺在制作一些当地的小吃，这些产品虽体现了和顺古镇的一些传统特色，但是这样的初级产品缺乏市场吸引力，再加上整个和顺古镇销售的产品同质化严重，制约了经济的发展。因此，笔者认为，和顺古镇的发展需要制定战略规划。一方面，经营者要分析和顺古镇的商铺是适合同类产品的密集型销售模式，还是经营者各自分散的销售模式，这样的规划可以避免过度的同质化经营，提升销售效率，也便于后续终端管理工作的有序开展。另一方面，可以根据顾客的实际需求，从产品的加工度和完成度进行划分，充分考虑顾客对初级商品、加工商品、成品、奢侈品的不同需求，从而对市场需求做出合理的判断，减少资源浪费，满足顾客多元化的购物需求。

其次，大众化的民宿聚客能力弱，服务品质和特色化是关键。和顺古镇的高端民宿较为火热，而中低端"接地气"的民宿经营惨淡。笔者认为问题可能出在以下几个方面。一是中低端民宿住宿条件、卫生条件差；二是中低端民宿服务水平相对于高端民宿也有差距；三是中低收入人群消费能力有限；四是民宿、客栈的"生动化"不够，不具备吸引力；五是民宿地理位置不佳，与竞争的酒店相比较，处于劣势；六是市场价格体系鱼龙混杂，消费者搞不清楚各类住宿的价格标准；七是没有吸引顾客住宿的特色。因此，中低端民宿应该从以下几个方面去改善。第一，提高民宿的入住标准。深入了解顾客在住宿消费方面的诉求，使住宿产品的设计对顾客产生更大的吸引力，如配置星级宾馆的设施。第二，集中精力把顾客最关心的事做到最好。由于民宿工作人员较少，在服务上要集中力量去做好顾客最关心的事情，提高民宿的服务水平，并带动周边民宿不断创新，打造个性化的民宿群落。第三，增加民宿的"生动化"设计，可以大幅提高入住率。顾客不愿住在一个冷冰冰的、没有新意的地方，他们更希望能与商家有更好的互动，可以利用宣传海报、POP展架介绍当地的美食、好玩的景点、租车信息，以及住宿折扣或优惠信息等，吸引更多顾客。第四，维护好客情关系。经营者需要寻找机会，尽可能多地与顾客交流，从他们那里获得反馈，从顾客的反馈中不断提高服务质量，提升顾客的满意度和回头率，这也是提高民宿住宿率的重要手段。

综上所述，想要提高和顺古镇的运营能力、聚客能力，以及和顺古镇的市场竞争力和整体服务水平，应增强和顺古镇管理者的管理和服务意识，做好终端战略规划，提高服务品质，满足特色化需求，针对市场情况做出及时的反应，对存在的问题及时改进，以获得更多的市场主动权和更有利的竞争条件。

案例三：腾冲东山康养国际旅居小镇

一 项目概况

腾冲东山康养国际旅居小镇位于腾冲东山片区，距离市区仅5分钟车程，小镇总体规划面积2万余亩。小镇以"康养"为特色和主题，目前已开发2700余亩，完成固定资产投资30亿元，建成养生旅游、文化旅游等多种业态。走进小镇，可以漫步于森林步道，感受山谷的深邃；可以游走于非遗文化一条街，领略腾冲非物质文化遗产的独特魅力；可以参观翡翠博物馆（见图6）、腾越文化博物馆、中医药博物馆，来一场视觉文化盛宴；还可以足不出户，在温泉别墅酒店感受天然温泉带来的绝佳体验。

二 项目特色及进展情况

腾冲东山康养国际旅居小镇中建造的翡翠博物馆是全球首家翡翠专题博物馆，馆藏世界最大翡翠原石和众多国家级大师的玉雕作品，采用现代化声光电、场景、雕塑相结合的方法进行展示，馆藏翡翠雕刻作品总价值达20亿元。腾越文化博物馆馆藏数万件文物，展现了腾冲周边地区从新石器时代至近现代一万多年的历史文化，是物化了的地方文化历史"教科书"。刘永周的皮影戏（见图7）是腾冲流传久远、影响广泛的艺术形式，至今已有六七百年的历史。1998年，刘永周以"堪称一绝"的皮影制作与表演，被云南省文化厅授予"云南省民族民间高级美术师"称号。2011年5月，刘永周的皮影戏被公布为第三批国家级非物质文化遗产。此外，小镇

图 6　腾冲东山康养国际旅居小镇康养旅游项目——翡翠博物馆

资料来源：中国玉雕大师网，www. dashiyudiao. com。

图 7　刘永周"堪称一绝"的皮影戏

资料来源：新华网，http://www. xinhuanet. com/politics/2016 - 10/07/c_129312406. htm。

周边的自然生态资源也很丰富。小镇背靠高黎贡山，森林植被保护完好，以针叶林居多，树种包括红豆杉、松树、桤木等。高黎贡森林步道全长4000 米，步行时间约 90 分钟，路面为杉木和木屑软质铺装，柔软疏松，适宜开展森林疗养运动，给走进高黎贡山的游客带来非常舒适的体验。林间还配备了瑜伽平台、观景台、禅修小院等设施供游客休息和体验。在手工艺品方面，当地百姓利用中药材制作了中草药香囊，用五色丝线刺绣而成，可以装饰衣物、把玩欣赏，又因填有特殊的中药材，兼有除菌爽神等功效。

截至 2022 年，腾冲东山康养国际旅居小镇已经完成了 80% 的前期建设工作，小镇周边的几个楼盘也一售而空。下一步，小镇将引进西医诊疗，为游客提供健康体检，并给出营养膳食方面的建议。从调研中笔者看到，小镇康养旅游项目的发展是十分符合国民对健康的要求的，小镇集山区生态、酒店住宿、生态观光、历史文化挖掘、医疗养生和休闲度假于一体，并把腾冲的优势资源——翡翠和中国的玉文化相结合，突出了玉石文化这一特色，为喜欢翡翠的游客、商人和学者提供了参观学习的机会，并吸引了大量游客到这里参观和旅游。

三　项目发展存在的问题与建议

腾冲东山康养国际旅居小镇作为康养旅游的典型项目之一，具有康养旅游产业发展的代表性，即聚焦自身的特色资源，以周围的景区景点为依托，以康养地产为主要营利手段。但是，小镇玉石加工工艺水平较低，与国际品牌和国内一线品牌的工艺相比，缺乏市场竞争力，仍然有较大的进步空间。此外，小镇专业化运营水平较低，对外宣传的力度不大，旅游形象不够鲜明，知名度有待提升，这些原因导致了小镇的康养旅游产品缺乏市场前瞻性。小镇要获得可持续发展和进步，应该特别注意以下两个方面。

第一，企业的发展需要脱离依靠地产营利的模式，创造合作共赢的机会。腾冲东山康养国际旅居小镇的发展模式与其他很多康养旅游产业发展模式有一个很相似的地方，就是离不开地产开发项目的支持，通过建房来获取康养旅游项目的建设资金。这样的发展模式在康养旅游项目建立之初是合理的，也是必要的，然而需要注意的是，随着项目的不断推进，如果企业不能快速转变观念，把精力、资源快速集中到顾客引流和企业营利上来，就会导致企业发展滞后甚至衰退。

第二，打造腾冲东山康养国际旅居小镇的信息化系统，是小镇摆脱信息"不灵"、实现科学化与特色化发展的重要"推手"。笔者认为，以下四个方面的信息化系统建设可以为小镇带来发展优势。一是通过信息化系统寻找市场机会，并为市场决策提供有价值的信息。二是通过信息化系统监督企业的营利状况。可以与不同康养旅游项目的营利状况进行比较，帮助管理者正确评估市场状况。三是通过信息化系统检测市场环境。通过信息化系统可以预测各种环境因素，检测其动向并做出快速分析，为公司的每一步决策做好保障。四是通过信息化系统综合衡量企业在市场上的营销战略和效果。

总之，腾冲东山康养国际旅居小镇是康养旅游的典型项目之一，它代表了我国一部分康养旅游项目的发展趋势，在这一发展趋势下，一方面，企业应脱离依靠地产营利的单一模式，把企业发展的眼光放得更加长远。另一方面，应该把精力放在打造企业的信息化系统上，实现企业管理的可视化，从而扩大企业自身的竞争优势。

案例四：腾冲江东银杏村景区

一 项目概况

腾冲江东银杏村景区位于腾冲北部的固东镇，固东镇是腾北经济、文化、商贸中心，银杏村与著名的腾冲火山地热国家地质公园等旅游景点相邻，全村共有 820 户人家。从腾冲市区驱车 40 余公里，便可以到达银杏村的所在地固东镇。随着自驾游的兴起，腾冲江东银杏村景区有望成为腾冲又一旅游胜地。这里自然资源丰富、景观秀丽，整个村落呈现"村在林中，林在村中，人在画中"的美丽景观（见图 8），11 月中旬至 12 月初为最佳观赏期。这里受中原文化、腾越文化的熏陶，拥有独特的文化内涵。民风淳朴的江东人民赋予了古银杏树"以树养生""以树敬老""以树睦邻"的意义。这里是电影《武侠》的拍摄地，是银杏王国，每到深秋，房前屋后黄叶纷飞，异常美丽。

二 项目特色及进展情况

腾冲江东银杏村景区由东方园林投资控股集团进行投资和管理规划，从银杏村的整体规划看，整个村庄错落有致，生态保护完整，自然资源优

图8 腾冲江东银杏村景区的美景

资料来源：图虫网，https://tuchong.com/18751046/77288504/。

越。但由于银杏村离城区较远，服务设施配套不完善，只有在旅游旺季到来的时候，村民的农家乐才会出现人山人海的场面。

三 项目发展中存在的问题与建议

在目前的环境条件下，银杏村的商业市场吸引力不足，年轻劳动力不愿留在村内，在经营性收入、接待游客数量、增加就业等方面还存在较大的差距。银杏村的未来发展规划尚不明确，笔者在此提出推动银杏村发展的"适应性"战略以供参考。

首先，银杏村可利用的资源较为单一，消费市场不稳定，品牌知名度和收益水平都较低，导致可塑性低、优势不明显等问题，这就需要实施"适应性"战略，通过不断调整经营手段，做好快速适应的准备，找到新的发展机会。而要想实施这一战略，企业首先要多观察，在银杏村内开展小型经济试点，有序管理试点过程，选择成功的试点并总结经验，灵活分配资源，实现银杏村的经济增长。

其次，银杏村的市场战略需要分步实施。由于银杏村地处偏僻区域，发展较为滞后，在战略实施的过程中无法快速取得成效。这就需要企业在实施"适应性"战略的基础上，有步骤地实现战略目标：梳理发展脉络，通过信息化系统做到战略的可视化；建立好市场组织架构，设立快速反应部门，以简单的规则代替复杂的方法，通过速度和灵活性来达到经营目标；在管理层和团队之间达成战略共识，实现战略的快速连通和实战的快速转化；在小型经济试点过程中，识别关键环节，落实行动方案；根据企业的资源现状，将资源逐渐向战略焦点转移，并进行有序过渡。只有分层落实企业的执行步骤，才能打稳战略实施的基础。从银杏村的发展现状来看，聚集力量、积累经验、沉淀价值、形成模式，是银杏村走向成功的关键。

参考文献

崔勇前：《城乡融合战略视野下乡村养生度假型旅游的发展取向与实现路径》，《农业经济》2018年第5期。

崔凤军：《城市旅游的发展与实践》，中国旅游出版社，2006。

甘碧群：《国际市场营销学》，高等教育出版社，2003。

何莽主编《中国康养产业发展报告》，社会科学文献出版社，2019。

黄慧：《一带一路背景下沿海康养旅游产业研究》，《中南林业科技大学学报》（社会科学版）2016年第6期。

刘锋：《中国西部旅游发展战略研究》，中国旅游出版社，2001。

刘庆余、弭宁：《全域旅游视野下健康养生旅游发展对策》，《旅游学刊》2016年第11期。

李蕾蕾：《旅游地形象策划：理论与实务》，广东旅游出版社，1999。

马库斯·斯塔尔博格、维尔·梅拉：《购物者营销》，派力译，中国商业出版社，2012。

任宣羽：《康养旅游：内涵解析与发展路径》，《旅游学刊》2016年第11期。

腾冲县志编撰委员会编《腾冲县志》，中华书局，1995。

胥兴安等：《养生旅游理论探析》，《旅游研究》2011年第1期。

谢晓红、郭倩、吴玉鸣：《我国区域性特色小镇康养旅游模式探究》，《生态经济》2018年第9期。

周刚等：《旅游养老消费者行为模式研究》，《荆楚学刊》2016年第12期。

朱建定、杨学英、杨正伟：《生态文明建设背景下云南康养旅游产业发展探析》，

《西南林业大学学报》（社会科学）2019 年第 6 期。

张贝尔、黄晓霞：《康养旅游产业适宜性评价指标体系构建及提升策略》，《经济纵横》2020 年第 3 期。

《中国（云南）自由贸易试验区挂牌》，"中国青年报"百家号，2019 年 8 月 30 日，https：//baijiahao. baidu. com/s？ id = 1643305026922687564&wfr = spider&for = pc。

T. J. Pan，W. Chen，"Chinese Medical Tourists—Their Perceptions of Taiwan," *Tourism Management*（2014）.

B.9
健康旅游目的地污名对旅游者
和居民的影响机制
——基于计划行为理论和资源保存理论视角

王　静　唐嘉倩　孙蓉蓉　蔡鸿云*

摘　要： 在健康意识觉醒的年代，以引领健康、快乐、幸福人生为目标的健康旅游正迎来黄金时代，同时面临极大的挑战。在网络媒体的作用下，部分健康旅游目的地的负面形象被无限放大，遭受社会群体的"贴标签"、回避甚至歧视，已构成污名事实。随着健康旅游目的地的发展，局部污名可能演变成整体污名，但目前有关健康旅游目的地污名的研究成果仍非常有限，难以解释健康旅游目的地污名的影响原理。因此，本报告尝试从计划行为理论和资源保存理论视角，构建健康旅游目的地污名对旅游者和居民的影响机制。研究结果表明：健康旅游目的地公众污名以旅游态度为中介变量，以主观规范和知觉行为控制为调节变量，负向影响旅游者的旅游行为意向；健康旅游目的地自我污名以生活质量为中介变量，以社区依恋为调节变量，负向影响居民的旅游支持度。

关键词： 健康旅游目的地；污名；计划行为理论；资源保存理论

---

* 王静，博士，云南财经大学副教授、硕士生导师，主要研究方向为旅游经济、旅游市场及旅游规划；唐嘉倩，云南财经大学硕士研究生，主要研究方向为健康旅游、旅游污名；孙蓉蓉，云南财经大学硕士研究生，主要研究方向为旅游经济、旅游管理；蔡鸿云，上海大学硕士研究生，主要研究方向为旅游规划与开发。

The Impact Mechanism of Health Tourism Destination Stigma on Tourists and Residents: Based on the Planning Behavior Theory and the Resour600 Conservation Theory

Wang Jing, Tang Jiaqian, Sun Rongrong, Cai Hongyun

Abstract: In the age of health awareness, health tourism aiming at leading a healthy and happy life is coming into a golden age, but it is also facing great challenges. Under the influence of the network media, some healthy tourism destinations have been magnified their negative image, suffer social groups label segregation and even discrimination, which has constituted the fact of stigma. With the development of healthy tourism destinations, local stigma may evolve into overall stigma, but the research results on health tourism destination stigma are still very limited, it is difficult to explain the impact of health tourism destination stigma. Therefore, this report explores the impact mechanism of healthy tourism destination stigma on tourists and residents from the perspective of the planning behavior theory and the resource conservation theory. The results show that public stigma in healthy tourism destination negatively affects tourists' travel behavior intention, with tourism attitude as intermediary variable, subjective norm and perceived behavior control as moderating variables The self-stigma of healthy tourism destinations is mediated by quality of life and moderated by community attachment, which negatively affects residents' tourism support.

Keywords: Health Tourism Destination; Stigma; Planning Behavior Theory; Resource Conservation Theory

一　研究背景

在 2016 年 8 月 19～20 日举行的全国卫生与健康大会上, 习近平总书记指出, 没有全民健康, 就没有全面小康。要把人民健康放在优先发展的战略地位, 以普及健康生活、优化健康服务、完善健康保障、建设健康环境、发展健康产业为重点，加快推进健康中国建设。[①] 中共中央、国务院于2016年10月25日印发了《"健康中国2030"规划纲要》，明确提出了推进"健康中国"建设的行动纲领。健康旅游通过健康服务与旅游服务的深度融合，使人们在旅行过程中获取养生保健医疗服务，从而达到防治疾患、修身养性、健身康体、延年益寿的目的，正成为各地政府关注、企业青睐、大众向往的产业热点，健康旅游迎来了发展的黄金时代。然而，近几年网络媒体频繁爆出各健康旅游目的地的负面新闻，当健康旅游目的地的负面报道较多，且健康旅游目的地对网络媒体所曝光的问题未能给出及时且有效的解决方案时，健康旅游目的地便会出现污名现象。尽管国内外不少学者已经对污名现象展开了不同深度的研究，但是有关旅游业中污名现象的研究仍十分匮乏。

污名一词来源于古希腊语"stigma"，最初用来指代刻在奴隶、叛徒或罪犯身上的刺青或烙印，象征着不光彩的社会身份和地位。随着研究的不断深入，污名被扩展为施加污名者对承受污名者施加的一种贬低性和侮辱性标签，被施加这种标签的个体或群体都将会受到偏见、歧视甚至丧失社会权利、地位。同时，面对这种不公正的待遇，承受污名者将偏见或歧视内化，造成自身的自我贬损，进一步加剧了社会偏见以及歧视的形成和扩散。已有研究表明，污名所带来的伤害，不亚于疾病对承受污名者造成的伤害。污名不仅影响了承受污名者的正常生活，还可能伤害到其家庭和亲友，发生连带污名。健康旅游目的地集健康、美食、美景、异域文化等因素于一体，是人们向往的地方。但是，健康旅游目的地负面事件发生后，社会公众会重新审视健康旅游目的地，将其与负面刻板印象联系起来，最终导致健康旅游目的地污名的形成。

本报告认为，健康旅游目的地污名在现实中已露出端倪，健康旅游目的地缺乏系统科学的管理，无法应对大量亚健康群体甚至疾病患者的涌入，导致环境污染、配套不足、建设混乱等问题，使外界对健康旅游目的地形成负面刻板印象，进而导致污名的形成。健康旅游目的地污名一旦形成，便很难被抹除，不仅影响了当地的经济效益，还将当地居民置于十分不利

---

① 《把人民健康放在优先发展战略地位》，新华网，2016年8月22日，http://www.xinhuanet.com//politics/2016-08/22/c_1119429462.htm? from=singlemessage&isappinstalled=0。

的处境。作为核心发展动力，旅游者对健康旅游目的地的选择影响着健康旅游目的地的客流量；作为重要发展支撑，当地居民对健康旅游目的地的支持影响着健康旅游目的地的发展水平和质量，是健康旅游目的地发展中不可或缺的"灵魂"。因此，本报告通过整合计划行为理论和资源保存理论，构建了健康旅游目的地污名对旅游者和居民的影响机制，为未来研究提供了新的方向。

二 文献回顾与理论基础

（一）文献回顾

作为大健康产业的重要载体，健康旅游已经成为各地争相发展的业态，健康旅游研究更是一项满足国家需要的现实课题。健康旅游研究从 20 世纪80 年代开始出现，经过多年的探索，逐渐受到越来越多学者的关注，也取得了一些成果，主要包括四个方面，即基本含义，表现形态，产业构建，开发策略（资源、产品、市场）。Goodrich 最早对健康旅游进行定义，认为健康旅游是指旅游设施或旅游地充分设计和利用除常规的旅游活动之外的保健设施与服务来吸引游客。随着研究的深入，健康旅游的内涵不断延伸，产业发展的潜能和融合趋势也不断显现。国内学者在健康旅游发展的具体表现形态与发展对策上进行了基础性案例研究，如贵州的森林康养旅游、江西的中医药健康旅游、广西巴马的养生旅游。在产业融合视角下，健康与旅游、文化、体育等产业所构建的大健康产业更是引起了学者们的关注。健康旅游的研究热度持续上升，研究重点逐步聚焦在健康旅游的资源分析、产品开发、市场开发等更细致的问题之上。综上，健康旅游研究起步晚、发展迅速、实践性较强、理论性研究少，以定性研究为主，更注重基础概念和具体形式的个例研究。

污名原指代叛徒、罪犯或奴隶身上所刻有的象征不光彩社会身份和地位的记号，被赋予负面的含义。学者们对污名持有不同的定义和观点，按时间顺序可以分为结果论和过程论。戈夫曼基于结果论对污名一词进行了阐释，在其著作《污名——受损身份管理札记》中将污名定义为社会交往中的一种与某群体的印象不符合、令人不齿的特征。Link 和 Phelan 从过程论视角出发，认为污名是若干构成元素共同作用的结果，包括"贴标签"、刻板化、社会隔离、地位损失和社会歧视等，进一步阐述了污名化现象的发生机制。污名过程论角度的定义使污名的内涵和外延不断扩展，突破围绕个体的局限性，走向了群体化视角的研究，也从认知系统向社会的制度化系统转变。为了揭示污名形成和变化的机理，学者们尝试从污名的维度来探讨。Corrigan 将污名区分为公众污名和自我污名，前者是指社会公众对被污名群体做出的一系列负面反应；后者是指被污名群体将污名态度指向自我而产生的一系列负面反应。已有不少学者认为，在污名的形成过程中，新媒体发挥了非常重要的作用，是不折不扣的"推动者"。污名在现实生活中影响恶劣，因而污名的影响及其应对策略也成为学者们的研究热点之一。在旅游研究中，污名现象隐藏于各个角落，如旅游从业者、旅游目的地、旅游者、旅游组织等，而现有的旅游相关污名研究仍然十分有限。

（二）计划行为理论

计划行为理论是阐述和预测明确定义的决策者行为的理论模型，是由理性行为理论衍生而来的。理性行为理论假设影响个体行为决策最直接的决定性因素是个体行为意向，而个体行为意向可以通过行为态度和主观规范这两个维度来进行预测。学者 Ajzen 认为，理性行为理论忽视了个体意志力的控制因素，因此加入了知觉行为控制，由此提出了计划行为理论。目前，计划行为理论已被大量推广并运用于管理学、心理学、经济学等学科，成为行为内生影响因素研究中较为流行的理论。计划行为理论从信息加工角度阐述了个体行为的决策模式，认为决策者的行为都是个体经过深思熟虑的计划结果，强调了行为意向在个体行为决策中的重要作用，同时指出了行为意向受到态度、主观规范、知觉行为控制三个维度的影响，进而产生了最终的行为决策。国内学者于 2006 年开始基于计划行为理论视角对旅游行为展开有针对性的研究，目前已有不少文献将计划行为理论应用于乡村旅游、低碳旅游、生态旅游和旅游者环境行为等领域。因此，计划行为理论可以较好地解释和预测健康旅游目的地污名与旅游者的旅游行为意向之间的影响因素和内在逻辑。

（三）资源保存理论

资源保存理论是压力研究的分支，是随着压力理论的研究而发展形成的新理论。压力一词来源于物理学领域，随着压力研究的不断深入，其被引入了多个学科领域，并形成了多种研究视角，如生理层面的压力视角、外界刺激物层面的压力视角、自我感知与自我评价层面的压力视角以及事件与个体交互作用的压力视角。为更简约而科学地解释压力形成的机制，Hobfoll进一步提出了资源保存理论。资源保存理论是描述资源在个人和社会环境之间相互作用的理论，其基本主旨是个体会努力保护、获得与建构他们觉得有价值的资源，并避免那些威胁到他们认为有价值的资源的损失。资源保存理论将资源定义为个体感知到的有价值的事物或者获得这些事物的途径，并将其分为四种类型，即物质资源、条件资源、个人特征资源和能源性资源。倘若资源损失真实发生、资源损失存在潜在威胁或资源投资后没有得到相应回报，将会引发个体保护资源的行为。资源保存理论不仅描述了个体面临压力时的反应，还描述了个体在面对压力时的心理或行为层面的活动。因此，资源保存理论能够从资源得失的角度较好地解释和预测当地居民在健康旅游目的地污名中负担的压力、对自我资源的评估以及在有限资源下的行为反应。

三　基于计划行为理论视角的公众污名对旅游者
行为意向的影响

健康旅游目的地发生负面事件后，媒体作为社会群体获取信息的重要渠道，采取负面的报道框架，使在社交媒体中缺乏自我声音的公众群体对健康旅游目的地产生刻板印象、偏见和歧视，并在互联网中发酵形成公众污名。一旦健康旅游目的地形成公众污名，社会群体将产生回避甚至敌对的行为，他们的旅游行为意向也会随之降低。

（一）公众污名对旅游行为意向的负向影响

公众污名是社会群体对特定群体产生刻板印象、偏见和歧视的一种污名行为，容易导致社会大众对被污名群体产生回避甚至敌对的行为。在社会主流话语体系中，健康旅游目的地是游客理想中的诗和远方，是一切美好事物的象征。因此，与社会主流话语体系不相符的健康旅游目的地容易受到污名的影响。大量亚健康或患有疾病的游客聚集的健康旅游目的地容易被认为是不吉利的地方，与大众理想的健康旅游目的地产生差异。因此，社会群体对健康旅游目的地进行污名化，放大其污点，无意中强化了污名的影响。旅游者行为理论认为，所有旅游者的旅游行为受到旅游环境的影响和旅游消费心理的支配。在形成公众污名之前，健康旅游目的地富有健康因素的自然和人文环境对旅游者具有非常高的吸引力，能够满足他们的健康需要。但是，在形成公众污名之后，受刻板印象的影响，旅游者在潜意识中降低了健康旅游目的地的吸引力，不足以产生旅游动机。同时，旅游者作为施加污名群体的一员，对健康旅游目的地做出了负面的评价，进一步抑制了旅游行为意向。因此，健康旅游目的地公众污名将给旅游行为意向带来负向影响。

（二）旅游态度的中介变量

旅游态度是个体基于对特定旅游对象和旅游条件的主观评价下做出的行为反应的心理准备状态，是一种心理倾向，而非旅游行为反应本身，可预示个体潜在旅游行为反应的可能性。根据计划行为理论，旅游态度是旅游行为意向的首要决定因素，可以预测旅游行为意向。如果旅游者对健康旅游目的地持有积极的旅游态度，那么其旅游行为意向较高；如果持有消极的态度，那么其旅游行为意向较低。因此，公众污名使旅游者对健康旅游目的地产生较为稳定的负面态度，进而间接地影响其旅游行为意向。

（三）主观规范和知觉行为控制的调节变量

已有研究表明，计划行为理论中的主观规范和知觉行为控制可以调节旅游态度和旅游行为意向。主观规范是指个体在做出某种特定行为时所感知到的社会压力，反映着对个体行为决策具有影响力的个人或群体的干扰作用。当身边重要的个人或组织推荐特定的健康旅游目的地时，旅游者可能持有积极的旅游态度，更倾向前往该健康旅游目的地，尤其是对于自我中心型旅游者来说，其受社会环境和群体的影响大，往往根据其他人的看法和建议做决定。在健康旅游目的地被污名化的情况下，社会公众的推荐意愿往往比较低，一方面加深了旅游者的负面旅游态度，另一方面直接降低了旅游者的旅游行为意向。知觉行为控制是指个体基于过去的经验和现有的资源来判断做出某种特定行为的容易程度，反映了个体对阻碍或促进该项行为因素的感知。当旅游者感知的旅游资源和机会越多而阻碍越少的时候，其对知觉行为控制越有把握，越有信心参与旅游活动，容易产生积极的旅游行为意向。对于被污名化的健康旅游目的地，旅游者感知的健康旅游资源较少，同时，互联网中有关健康旅游目的地的负面报道使其感知的阻碍增多，此时旅游者的实际行为控制与知觉行为控制不相符，将使其产生负面的旅游态度，并降低旅游行为意向。

综上，如图1所示，健康旅游目的地的公众污名通过旅游态度来影响旅游者的旅游行为意向，其中公众污名负向影响着旅游态度，而旅游态度正向影响着旅游行为意向。此外，主观规范和知觉行为控制直接或间接地正向影响着旅游行为意向。

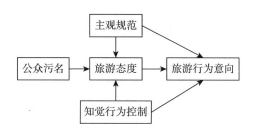

图1 健康旅游目的地的公众污名对游客行为意向的影响

资料来源：笔者自行整理。

四 基于资源保存理论视角的居民自我污名
对旅游支持度的影响

健康旅游的快速发展催生了健康旅游示范区、基地和项目，提高了当地居民的经济收入水平。当地居民是健康旅游发展的重要利益相关者，其对健康旅游发展的支持是健康旅游可持续发展的必要前提。然而，健康旅游目的地被污名化后，当地居民随之被"贴"上负面标签。健康旅游一方面解决了居民的温饱问题，另一方面又使他们遭受非议，此时是否继续支持家乡发展健康旅游是当地居民非常矛盾的一个问题。从理论上看，居民的自我污名表现了其对发展健康旅游的一种否定态度，会相对地降低旅游支持度。

（一）居民自我污名对旅游支持度的负向影响

自我污名常出现于公众污名之后，表现为个体持有自我低效能和评价，被认为是公众污名的延续。居民的自我污名是在健康旅游目的地遭受公众污名之后，在主观上产生的自责感、自卑感，居民甚至会出现自尊贬损、意志消沉、产生敌视等情绪极化现象。资源保存理论认为，资源是对个体有重要价值的东西或者获得这些东西的方式，同时是个体应对各种压力的重要组成部分。当个体面临潜在或实际的资源损失时，个体会努力调动现有资源，使资源净损失最小化。在健康旅游目的地污名化过程中，自我污名被看成是导致居民产生消极情绪的一种影响较广的特殊压力源，破坏了居民内部资源的平衡状态。根据资源保存理论，居民为了抵消污名带来的压力，一方面进行资源重建，重新建立健康旅游目的地原有声誉，将否定发展健康旅游带来的污点，同时反对健康旅游的发展；另一方面进行资源替代，更积极地发展健康旅游，从健康旅游发展中获取更多的利益，以补充能源性资源（金钱），试图抵消损失的资源。但是前文已论述过，健康旅游目的地污名间接地降低了旅游行为意向。因此，理论上，健康旅游目的地居民倾向采取资源重建的方式来应对自我污名，即降低旅游支持度。

（二）生活质量的中介变量

生活质量作为满意度的一种形式，不仅指经济指标中反映的个体生活水平，还指个体对生活各个方面的总体满意度。笔者之所以引入居民的生活质量概念，是因为健康旅游目的地居民的自我污名和旅游支持度之间可能还存在传导效应。根据"认知—情感—意向"关系理论，态度对意向不仅有直接影响，还会通过情感对意向进行间接影响。因此，居民自我污名的认知成分可能通过生活质量的情感成分影响居民支持健康旅游的意向成分。

（三）社区依恋的调节变量

居民与社区互动过程中产生的社区依恋已被证实是影响居民支持旅游开发的最重要因素，因此，将其融入模型是十分必要的。社区依恋是指居民对居住社区的满意度、归属感和根植感，是居民与社区的一种情感连接，是地方依恋的一种类型。已有研究发现，高社区依恋居民能敏锐地感知消极旅游影响导致的人地关系、地方特征，从而降低在社区长期生活中产生的满意度、归属感和根植感，进而对健康旅游发展表现出较强的消极态度；低社区依恋居民虽然对消极旅游影响的感知迟钝，但倾向关注旅游的积极影响，一旦感知不到旅游的积极影响，就会对健康旅游发展表现出负面态度。因此，健康旅游目的地居民自我污名是旅游发展中的一种消极影响。当具有较强社区依恋的居民感知到健康旅游目的地的污名，他们将对健康旅游目的地产生失望的情绪，从而降低对当地旅游的支持度。

综上，如图2所示，健康旅游目的地居民的自我污名将对居民旅游支持度产生直接的负向影响，同时通过生活质量影响居民旅游支持度。另外，社区依恋正向调节健康旅游目的地居民的自我污名和旅游支持度之间的关系。

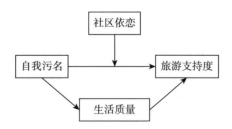

图2　健康旅游目的地居民自我污名对旅游支持度的影响

资料来源：作者自行整理。

五　讨论

（一）研究结论

污名研究在不同文化背景下已经持续了几十年，主要集中于心理学、医学、社会学领域，已经取得了一定的成果。尽管如此，已有研究在管理学领域中的运用仍需要结合具体的研究背景和学科特点。在旅游地方污名中，健康旅游目的地的污名现象凸显、影响较为恶劣。因此，本报告以健康旅游目的地为研究对象，研究污名对旅游者的旅游行为意向和居民的旅游支持度的影响，构建了以旅游态度为中介变量、以主观规范和知觉行为控制为调节变量的公众污名对旅游者旅游行为意向的影响模型，以及以生活质量为中介变量、以社区依恋为调节变量的自我污名对居民旅游支持度的影响模型。具体来说，本报告主要有以下重要结论：健康旅游目的地的公众污名负向影响着旅游态度，而旅游态度正向影响着旅游者的旅游行为意向，主观规范和知觉行为控制直接或间接地正向调节旅游行为意向；健康旅游目的地居民的自我污名负向影响着居民旅游支持度，可通过生活质量来影响居民旅游支持度；社区依恋正向调节健康旅游目的地居民的自我污名和旅游支持度之间的关系。

（二）理论贡献

本报告的理论贡献主要表现在以下方面。第一，本报告创新性地运用了计划行为理论来阐释污名的影响逻辑，构建了"公众污名—旅游态度—旅游行为意向"这一影响路径，探究了健康旅游目的地公众污名对旅游者旅游行为意向影响的内在机制，阐述了健康旅游目的地公众污名对旅游者的影响研究。第二，本报告还以资源保存理论为理论基础，构建了"居民自我污名—生活质量—旅游支持度"这一影响路径，探究了健康旅游目的地居民的自我污名对居民旅游支持度影响的内在机制，进一步丰富了健康旅游目的地污名的影响研究。

（三）实践启示

本报告的研究结论对健康旅游目的地管理者具有一定的启示和指导作用。一是本报告构建了健康旅游目的地污名对旅游者和居民的影响机制，从侧面展示了旅游者和居民在污名面前的心理变化过程。因此，管理者应关注居民和公众在健康旅游目的地发展过程中的心理变化，并将其作为污名管理指标，及时观测健康旅游目的地污名情况。二是本报告阐述了健康旅游目的地污名形成的原因，以及污名所造成的影响。因此，管理者应充分做好健康旅游目的地的科学规划工作，划分好目标市场和群体，引入健康管理团队，为旅游者提供科学而健康的旅游活动，为当地居民营造良好的旅游社区环境。三是在网络媒体发达的时代，健康旅游目的地的负面事件将被快速传播，倘若未能给出让社会公众满意的处理方案，将导致污名的形成。因此，管理者应格外注重与媒体建立友好的关系，搭建好客观传递信息的渠道，让社会公众尽可能地接触真实的信息源。同时，相关管理部门应有危机意识，做好公关管理，及时采取措施应对负面事件，积极维护好健康旅游目的地在社会公众心目中的良好形象。

参考文献

管健：《污名的概念发展与多维度模型建构》，《南开学报》（哲学社会科学版）2007 年第 5 期。

管健：《污名：研究现状与静态—动态模型构念》，《湖南师范大学教育科学学报》2007 年第 4 期。

唐魁玉、徐华：《污名化理论视野下的人类日常生活》，《黑龙江社会科学》2007 年第 5 期。

李权等：《大健康与大旅游背景下贵州省森林康养科学发展策略》，《福建林业科技》2017 年第 2 期。

曹婷婷、姚东明：《江西中医药健康旅游发展模式与发展对策研究》，《江西中医药大学学报》2016 年第 4 期。

黄力远、徐红罡：《巴马养生旅游——基于康复性景观理论视角》，《思想战线》2018 年第 4 期。

罗明义、罗冬晖：《关于发展"大健康旅游"之我见》，《旅游研究》2017 年第 2 期。

陈建波、明庆忠：《基于改进层次分析法的健康旅游资源评价研究》，《地理与地理信息科学》2018 年第 4 期。

周晓琴、明庆忠、陈建波：《山地健康旅游产品体系研究》，《资源开发与市场》2017 年第 6 期。

李东：《论健康旅游的类型、市场和概念》，《国土与自然资源研究》2016 年第

1 期。

戈夫曼：《污名——受损身份管理札记》，宋立宏译，商务印书馆，2009。

杨传婷、陈伟瀚：《新媒体视域下我国社会群体污名化现象探析》，《传播力研究》
2019 年第 13 期。

孟威：《旅游非正规就业者污名化研究》，《旅游学刊》2020 年第 6 期。

王昶、章锦河：《计划行为理论在国内旅游研究中的应用进展与启示》，《山东师范
大学学报》（人文社会科学版）2017 年第 1 期。

曹霞、瞿皎姣：《资源保存理论溯源、主要内容探析及启示》，《中国人力资源开
发》2014 年第 15 期。

高晓玲等：《更年期妇女抑郁症状的发生情况及其影响因素的研究》，《中国妇幼保
健》1998 年第 5 期。

陶鹏：《公众污名、自我污名和媒介污名：虚拟社会泛污名化现象的三维解读》，
《广东行政学院学报》2014 年第 1 期。

马耀峰、李天顺、刘新平：《旅游者行为》，科学出版社，2008。

张树夫：《旅游心理》，中国林业出版社，2000。

朱长宁、鲁庆尧、王树进：《基于拓展计划行为理论的休闲农业旅游行为意向研
究》，《西北农林科技大学学报》（社会科学版）2016 年第 5 期。

李卫飞：《大学生志愿者旅游认知、态度与行为意向研究——基于计划行为理论》，
《青年探索》2014 年第 4 期。

石晓宁：《基于计划行为理论的低碳旅游行为意向影响因素研究》，硕士学位论文，
华南理工大学，2013。

汪侠等：《基于贫困居民视角的旅游扶贫满意度评价》，《地理研究》2017 年第
12 期。

郭安禧等：《居民旅游影响感知对支持旅游开发的影响——生活质量和社区依恋的
作用》，《经济管理》2018 年第 2 期。

史春云等：《旅游地居民感知与态度的比较研究——以九寨沟、庐山和周庄为例》，
《经济地理》2010 年第 8 期。

汲忠娟、蒋依依、谢婷：《旅游地居民感知和态度研究综述》，《资源科学》2017 年
第 3 期。

Bogart, L. M., et al., "HIV-related Stigma among People with HIV and Their Families：
A Qualitative Analysis," *AIDS and Behavior* 12（2008）.

Goodrich, J. N., *Health Tourism：A New Positioning Strategy for Tourism Destination*,

Global Tourist Behavior (Philadelphia: The Haworth Press, 1994).

Link, B. G. , Phelan, J. C. , "Conceptualizing Stigma," *Annual Review of Sociology* 27 (2021).

Corrigan, P. , "How Stigma Interferes with Mental Health Care," *American Psychology* 59 (2004).

Wang, K. , Xu, H. , Huang, L. , "Wellness Tourism and Spatial Stigma: A Case Study of Bama, China," *Tourism Management* 78 (2020).

Moufakkir, O. , "Experience of Arab/Muslim Women Visiting Relatives in the West and the Management of Stigma by Association," *Tourism Management* (2020).

Hampel, C. E. , Tracey, P. , "How Organizations Move from Stigma to Legitimacy: The Case of Cook's Travel Agency in Victorian Britain," *Academy of Management Journal* 60 (2017).

Fishbein, M. , "A Theory of Reasoned Action: Some Applications and Implications," *Nebraska Symposium on Motivation Nebraska Symposium on Motivation* 27 (1980).

Arppinen, H. , "Forest Owners' Choice of Reforestation Method: An Application of the Theory of Planed Behavior," *Forest Policy and Economics* 7 (2005).

Ajzen, I. , "The Theory of Planed Behavior," *Organizational Behavior and Human Decision Processes* 50 (1991).

Hobfoll, S. E. , "Conservation of Resources—A New Attempt at Conceptualizing Stress," *American Psychologist* 44 (1989).

Major, B. , O'Brien, L. T. , "The Social Psychology of Stigma," *Annual Review of Psychology* 56 (2005).

Luo, S. , "Analysis of Guangxi Bama as Cancer Village from the Perspective of Anthropology," *New West* (*theoretical edition*) 24 (2016).

Rusch, N. , Angermeyer M. C. , "Corrigan P. W. Mental Illness Stigma: Concepts, Consequences, and Initiatives to Reduce Stigma," *European Psychiatry* 20 (2005).

Cheng, H. , et al. , "Social Support and Quality of Life among Chinese Breast Cancer Survivors: Findings from a Mixed Methods Study," *European Journal of Oncology Nursing* 17 (2013).

Johnson, J. L. , et al. , "Othering and Being Othered in the Context of Health Care Services," *Health Communication* 16 (2004).

Corrigan, P. , "How Stigma Interferes with Mental Health Care," *Am Psychol* 59 (2004).

Hobfoll, S. E., "Conservation of Resource Caravans and Engaged Settings," *Journal of Occupational and Organizational Psychology* 84 （2011）.

Hobfoll, S. E., "Conservation of Resources: A New Attempt at Conceptualizing Stress," *American Psychologist* 44 （1989）.

Miller, C. T., Major, B., *Coping with Stigma and Prejudice*(New York: Guilford, 2000).

普洱太阳河国家公园助力森林康养
旅游发展的战略思考

何曼榕　陈雅惠　金新颖　刘静怡 *

摘　要：森林康养旅游作为一种新型旅游业态，其本质在于依托森林自然进行旅游和医疗健康的有机结合，发挥自然生态对身体健康管理的积极影响作用，森林康养旅游被视为未来旅游产业新蓝海，具有广阔的发展前景。云南具有广袤的森林资源，拥有深厚的旅游市场基础，开拓云南森林康养旅游这片蓝海，是对巨大的康养旅游市场的最好回应。本报告结合森林康养旅游产业发展的背景及机遇，深入挖掘普洱太阳河国家公园的开发价值，从森林公园与康养旅游产业融合发展的角度，探索森林康养旅游产业发展的思路。

关键词：普洱太阳河国家公园；森林康养；开发模式；普洱

Strategic Thinking on Promoting the Development of Forest Health and Wellness Tourism in Pu'er Sun-river National Park

He Manrong，Chen Yahui，Jin Xinying，Liu Jingyi

Abstract：As a new type of tourism, forest health and wellness tourism is es-

---

* 何曼榕，博士，云南大学工商管理与旅游管理学院讲师，主要研究方向为人力资源管理、旅游管理；陈雅惠，博士，云南大学工商管理与旅游管理学院，主要研究方向为组织行为与创新创业；金新颖，硕士，云南大学工商管理与旅游管理学院，主要研究方向为创新创业与人力资源管理；刘静怡，硕士，云南大学工商管理与旅游管理学院，主要研究方向为创新创业与人力资源管理。

sentially based on the organic combination of tourism and medical health depended on forest, and exerting the positive impact of natural ecology on keeping physical health. Forest health and wellness tourism is regarded as the new Blue Ocean of the future tourism industry which has great development prospect. Yunnan province has abundant forest resources and a solid tourism market basis. Developing the Blue Ocean of Yunnan's forest health and wellness tourism products is the best response to the huge health and wellness tourism market. This report that combines the background with the opportunities of the development of the forest health and wellness industry, taking the further step to explore the development value of Pu'er Sun-river National Park. It also explore the way of the development of the forest health and wellness tourism industry from the perspective of the integrated development of the forest park and the health and wellness tourism industry.

Keywords：Pu'er Sun-river National Park；Forest Health and Wellness；The Exploration Mode；Pu'er

引　言

随着生活节奏的加快和工作压力的增加，都市居民亚健康人数不断攀升，森林康养旅游逐渐成为旅游产业发展的热点。通过立足森林环境特点、自然资源状况以及当地文化特征等因素来实现森林康养旅游产业发展，是康体养生业态同森林自然的有机融合，具有广阔的市场前景。据文化和旅游部统计，2019 年，我国旅游人数达到 60 亿人次，森林旅游游客量达到 18 亿人次，创造社会综合产值 1.75 万亿元。云南作为闻名中外的旅游胜地，旅游产业十分发达，尤其是森林康养旅游产业的发展具有巨大潜力。2019 年，云南省林业和草原局出台《关于促进林草产业高质量发展的实施意见》，提出将大力兴办保健养生、康复疗养、健康养老等森林康养服务，建设森林浴场、森林氧吧、森林康复中心、森林疗养场馆、康养步道等服务设施，加强林下药材种植培育、森林食品和药材保健疗养功能研发，推动制定森林康养基地质量评定标准，创建国家级森林康养基地。基于有利的宏观政策背景和丰富的森林资源优势，云南普洱发展森林康养旅游可谓天时地利人和。因此，如何通过业态创新实现产业协同与价值整合、提升森林康养旅游的发展水平和质量，不仅是解决普洱森林公园发展问题的关键因素，也是助推普洱森林康养旅游可持续发展的重要力量。

一　森林康养的由来及发展历史

目前，学术界对森林康养的概念还没有形成科学的、统一的定义。2015年中国首届森林康养年会提出，森林康养是"以森林对人体特殊的功效为基础，依托丰富的森林生态景观、优质的森林环境、健康的森林食品、浓郁的森林文化等主要资源，结合中医药健康养生保健理念，辅以相应的养生休闲及医疗服务设施，开展利于人体身心健康、延年益寿的森林游憩、度假、疗养、保健、养老等服务活动的统称"。森林康养，在国外被称为"森林医疗"或"森林疗养"，在发达国家已形成较完整的产业。它起源于德国，流行于美国、日本与韩国等发达国家，在国外被誉为"世界上没有被人类文明所污染与破坏的最后原生态"，也是人类唯一不需要人工医疗手段就可以进行一定自我康复的"天然医院"①。

（一）国外森林康养研究

以西医理论为基础的现代森林康养发端于德国②。19世纪40年代，德国在巴特威利斯赫恩镇创立了世界上第一个森林浴基地，形成了最初的森林康养概念③。美国也是最早开发森林康养的国家之一，人均收入的1/8用于森林康养，年接待游客20多亿人次④。日本、韩国等亚洲国家的森林康养也呈蓬勃发展之势。1982年，日本从森林浴起步，森林康养产业发展迅速。截至2013年，日本认证了3种类型的森林康养基地共57处，每年有近

---

①　孙抱朴：《森林康养是新常态下的新业态、新引擎》，《商业文化》2015年第19期。
②　Hannu Raitio, *Forests and Human Health-Global Issues in Research and Practice*，《日本卫生学杂志》2008年第2期。
③　韩剑准等：《德国林业考察报告》，《热带林业》2001年第2期。
④　马雨亭、张春波：《美国林业机构及森林保健概况》，《山西林业》2000年第4期。

8亿人次到这些森林康养基地进行森林浴[①]。1982年，韩国提出建设自然康养林，截至2013年，共建设了158处自然康养林、173处森林浴场，修建了4处森林康养基地和1148公里的林道，每年有1/5的人口参与森林康养活动中[②]。

（二）国内森林康养研究

《"十四五"林业草原保护发展规划纲要》指出，要提升生态系统质量和稳定性，促进人与自然和谐共生，林草事业面临新的发展机遇。同时，要加快设立国家公园，保护生态系统的原真性和完整性。近年来，森林康养旅游备受瞩目，得到了国家政策的大力支持。2016年，国家旅游局发布《国家康养旅游示范基地》行业标准；国家林业局把森林康养基地创建列入《林业"十三五"发展规划》，同时对森林康养基地的引进与推广进行了可行性研究，积极与德国、日本、韩国等国开展国际合作，极大地促进了森林康养在我国的发展。现已开展合作的项目有：中韩合作的"八达岭森林体验中心"、中德共建的"甘肃秦州森林体验教育中心"等。尤其是2016年以来，地方政府和相关组织机构积极响应国家政策，探索森林康养发展方式，举办了全国森林康养基地试点建设研讨会暨森林疗养技术培训班，成立了首个森林康养研究中心和首个森林康养协会，出台了地方森林康养产业意见，积极推动森林康养产业发展。四川、云南、湖南、河北、陕西、黑龙江等地都已经着手建立森林康养基地试点，积极推动以森林康养为中心的旅游产业的发展。

二 普洱太阳河国家公园森林康养旅游发展现状

（一）基本概况

普洱太阳河国家公园位于普洱市思茅区东南部，距思茅主城区37公里；

---

① 郑群明：《日本森林保健旅游开发及研究进展》，《林业经济问题》2011年第3期。
② 林增学、郑群明：《日本森林浴基地开发特色探析》，《社会科学家》2013年第6期。

东北接昆明，西南连西双版纳，同时紧邻昆磨高速。整个公园东西长约 23
公里，南北宽约 9 公里，占地面积 216 平方千米。公园位于北热带向南亚热
带过渡地带，年平均气温 17.7℃，全年降水量超过 1500 毫米，多集中在
5～10 月。日照时数约为 2200 小时，太阳总辐射量为 130000 卡/平方厘米。
气候的过渡属性造成了普洱太阳河国家公园植被和动物复杂性和多样性。
公园内森林覆盖率高达 94.5%，植被类型涵盖热带季节性雨林、落叶季雨
林、季风常绿阔叶林、落叶阔叶林等，拥有蕨类以上高等植物 209 科 883 属
2104 种（变种、亚种）；动物种类同样丰富，共有野生动物 41 目 159 科 812
种。普洱太阳河国家公园是中国生物多样性最丰富的公园之一，通过保护
性开发，公园规划与建设了不同的动物主题酒店（如普洱小熊猫庄园森林
度假酒店等），酒店置身森林之中，游客可以和不同野生动植物亲密互动。
同时，公园依托自然生态设计森林徒步探险、越野、瑜伽、少数民族艺术、
少数民族美食等体验内容与旅游产品，为游客提供绿色、健康、便捷的一
站式森林康养旅游方案。

　　普洱太阳河国家公园是云南湄公河集团有限公司于 2011 年投资 3 亿元
开发的子项目。云南湄公河集团有限公司成立于 1995 年，公司主营生态旅
游、旅游地产和大健康产业，项目主要分布于云南昆明、普洱、西双版纳
和浙江湖州。多年来，公司始终坚持保护性开发原则，遵循"保护原始森
林、爱护野生动物，传承民族文化"的企业使命，先后投资建设了位于昆
明金殿国家森林公园内的云南野生动物园，西双版纳州的原始森林公园、
中国第 56 个民族基诺族的文化发源地基诺山寨景区、中缅第一寨勐景来风
景区、中国亚洲象繁育基地野象谷景区，打造了湄公河流域首家国际旅游
客运公司金三角旅游航运，组建了昆普西黄金旅游线乐安达旅游大巴车队。
公司自 2011 年进入普洱发展以来，在普洱进行转型升级和二次发展，开发
建设了普洱太阳河国家公园、普洱茶马古道旅游景区、普洱茶马古城旅游
小镇、墨江北回归线标志园、普洱小熊猫庄园森林度假酒店、十里春风精
品度假酒店，并联合中国东方歌舞团打造了普洱情境秀《茶马古道》等项
目。近年来，公司致力于拓展"旅游＋文化、体育、教育、健康等"新的
业务发展模式，先后多次成功举办 UT100 普洱国际越野跑挑战赛、普洱马
拉松、普洱绿色发展论坛等。

（二）主营业务

普洱太阳河国家公园的森林康养旅游产品目前可分为森林主导康养、森林运动康养、森林体验康养、森林辅助康养、森林康养科普宣教5种类型。

1. 森林主导康养

森林主导康养是指以森林自身良好的环境和景观为基础，开展以森林生态观光、森林静态康养为主的康养活动，让游客置身于大自然，感受森林和大自然的魅力，陶冶性情，调节身心健康。普洱太阳河国家公园内拥有已知植物2104种、动物812种，是国内唯一能使游客在野外环境中与众多珍稀野生动植物亲密互动的景区，有"北回归线上最大的绿洲""中国最后的动植物天堂"等美誉。公园为游客提供了森林观光、森林浴、负氧离子呼吸体验、森林冥想和林间漫步等森林主导康养产品，依托的景点包括犀牛归隐、桫椤小径、旅行的小熊猫等。

2. 森林运动康养

森林运动康养是指游客在优美的森林环境中主动地通过运动来增强活力和促进身心健康的康养活动。普洱太阳河国家公园为游客提供了飞跃丛林、森林瑜伽、普洱大三铁、山地车骑行等森林运动康养产品。

3. 森林体验康养

森林体验康养是指游客通过各种感官感受、认知森林及其环境、回归自然的康养活动。普洱太阳河国家公园为游客提供了森林食品体验（普洱特色三宝宴、特色簸箕餐等），回归自然体验（森林徒步、森林探险、采茶体验等），森林休闲体验（帐篷露营、户外野餐等）以及森林住宿（小熊猫庄园森林独栋木屋、刘家寨民宿等）等森林体验康养产品。

4. 森林辅助康养

森林辅助康养是指针对亚健康或不健康的游客，依托良好的森林环境，辅以完善的人工康养设施设备开展的以保健、疗养、康复和养生为主的康养活动。目前，云南湄公河集团有限公司与普洱市人民医院正式签订了项目合作协议，双方将在医学研究及"旅游＋大健康"领域（如干细胞项目等）开展全方位合作，目标是将普洱太阳河国家公园打造为国际医疗中心、森林康复疗养中心。

5. 森林康养科普宣教

森林康养科普宣教主要是指对游客开展森林康养知识、养生文化和生态文明教育等活动。普洱太阳河国家公园为游客提供了农耕教育、森林课堂、夏令营、普洱茶制作、景区动植物互动、植物认知、昆虫与植物标本制作、夜间观测等森林康养科普宣教产品。

三 普洱太阳河国家公园森林康养旅游发展潜力及开发价值

（一）优劣势分析

普洱太阳河森林康养旅游产业发展的优势主要为资源优势、区位优势和管理优势。普洱太阳河国家公园保存有我国面积最大、最完整的原始、珍稀热带和亚热带过渡性森林，并且传承了与地理要素紧密结合的普洱茶文化。公园所在的普洱市思茅区是中国面向南亚、东南亚开放的重要交通枢纽，213 国道、昆磨高速公路（G8511）和玉磨铁路贯穿全境，拥有普洱思茅机场和国家级一类口岸思茅港，特殊的地理位置和自然资源为康养旅游产业发展奠定了重要的基础。此外，公园由具备成熟管理经验的云南湄公河集团股份有限公司承包开发，从投资建设到品牌营销都由专业团队管理，降低了项目风险。

然而，普洱太阳河国家公园的发展也面临挑战。首先，公园内林地为集体所有，土地管理和开发困难。保护公园内原生态森林景观环境与维持公园周边居民传统的生产生活方式存在一定的冲突。其次，云南省内森林康养旅游产业竞争逐渐加剧。在 2020 年 6 月公布的第一批国家森林康养基地名单中，云南省的普洱市思茅区、腾冲市、墨江哈尼族自治县三地入选。以经营主体为单位申报的国家森林康养基地有石屏龙韵养生谷和昆明潘茂野趣庄园森林康养基地。此外，省内的腾冲、墨江、西双版纳等地的多家森林康养基地是潜在的市场竞争对手，将会给普洱森林康养旅游产业的发展带来压力。普洱太阳河国家公园在资源开发过程中应注重挖掘有特色的森林康养旅游项目，充分发挥资源优势。

（二）市场分析

普洱旅游业起步于20世纪90年代，在同期开始发展的香格里拉、大理、丽江、西双版纳等很快成为云南旅游热点地区时，普洱旅游业发展仍较为缓慢，在近几年才有较大幅度的增长，但依然仅占全省份额的2.8%。目前，普洱太阳河国家公园客源市场地域结构呈现三大特点：一是主要客源来自省内市场，绝大部分为过境游客（目的地是西双版纳）；二是客源数量受交通限制显著；三是市场以国内游客为主，少数海外游客通过分流获得。国内客源市场以西南、中南和华南三大地区为主，主要来自云南、四川、广东等省份；省内客源市场以昆明、保山、丽江、德宏、曲靖为主。活跃的客户群体以工薪阶层为主，高收入阶层目前并未把普洱太阳河国家公园当作重要的旅游目的地。

（三）发展潜力及开发价值

1. 政策支持，市场潜力巨大

一方面，随着我国经济的发展，人口老龄化和亚健康问题日益凸显，人们对保健养老养生的需求不断增长。根据第七次全国人口普查数据，我国60岁及以上人口有2.67亿人，其中，65岁及以上人口1.9亿人，人口比重达到13.50%，人口老龄化程度已高于世界平均水平（65岁及以上人口占比为9.3%）[1]。除了日益严重的人口老龄化问题，如今快节奏、高压力的生活方式让越来越多的年轻人面临亚健康问题（如身心疲惫、失眠、焦虑、抑郁等）。国家统计局数据显示，截至2017年末，我国亚健康人群占总人口的比重已超75%[2]。此外，经济的高速发展还带来食品安全、空气污染等问题，这都使人们的诉求从提高物质生活水平转向提高生活品质，保健、

---

① 《国务院第七次全国人口普查领导小组办公室负责人接受中新社专访》，中国新闻网，2021年5月13日，https://www.stats.gov.cn/ztjc/zdtjgz/zgrkpc/dqcrkpc/ggl/202105/t20210519_1817705.html。

② 《视频 | 国家统计局：2017年末我国城镇常住人口81347万人 城镇化率超58%》，看看新闻网，2018年2月5日，https://www.kankanews.com/detail/DgwMkzWkLyW。

养生、养老备受人们关注。另一方面，中产阶级不断崛起，国民消费能力不断升级，然而普洱仍呈现消费不足态势，表明其市场潜力巨大。国家统计局发布的《中华人民共和国2022年国民经济和社会发展统计公报》显示，2022年国内游客总量达25.3亿人次，国内旅游收入达20444亿元。"十三五"时期，我国森林旅游游客总量达到75亿人次，创造社会综合产值6.8万亿元。这表明，我国森林旅游市场潜力巨大。《林业发展"十三五"规划》的主要任务已经全面完成，生态状况明显改善①。《"十四五"林业草原保护发展规划纲要》提出，到2025年，森林覆盖率达到24.1%，森林蓄积量达到180亿立方米，草原综合植被盖度达到57%，湿地保护率达到55%，以国家公园为主体的自然保护地面积占陆域国土面积比例超过18%②。因此，以"林旅融合"为主、"农旅融合""体旅融合"为辅的普洱太阳河国家公园康养旅游充分满足了我国居民现阶段的旅游需求，未来存在巨大市场潜力。

2. 森林资源得天独厚

普洱太阳河国家公园地处亚热带和南亚热带接合部，森林覆盖率达94.5%，保存着我国面积最大、最完整的南亚热带季风常绿阔叶林。公园内分布有各类植物近千种，有国家保护的珍贵树种被称为"活化石"的树藏、绒毛番龙眼、红椿，珍贵树种假含笑，用材树种团花、八宝树，药用植物野砂仁，花卉植物山海棠、兰花等，被称为"天然花园"。同时，由于公园内热量丰富、气候湿润、森林茂密、食物丰富，天然硝塘分布在太阳河两岸，也为野生动物的繁衍生息提供了十分优越的环境条件。公园内仅哺乳动物和鸟类就有200多种，属国家重点保护的野生动物有野牛、蜂猴、灰叶猴、金猫、云豹、水獭、水鹿、穿山甲等。动植物的复杂性、多样性和独特性，使普洱太阳河国家公园的森林资源不仅可以用于观光、度假、疗养，还具备一定的科考价值，因而可以形成医养结合的产业链式发展模式，打造具有康养功能的国家级森林康养旅游度假地，形成全域森林康养旅游品牌。

---

① 《〈林业发展"十三五"规划〉正式印发实施（解读｜全文）》，国家林业和草原局政府网，2016年5月23日，http://www.forestry.gov.cn/main/3957/content-875431.html。

② 《"十四五"林业草原保护发展规划纲要》，国家林业和草原局政府网，2021年12月14日，http://www.forestry.gov.cn/main/76/20211214/152246292643743.html。

3. 管理团队成熟，管理经验丰富

云南湄公河集团有限公司于20世纪90年代进驻云南省进行旅游业开发，已具备非常丰富的项目开发经验和管理经验，并且取得了非常不错的成绩。公司聚焦绿色智慧旅游，打造有价值的文化旅游品牌。致力于开发具有当地民族文化特色、符合自然资源情况的旅游景区。目前，公司在云南省内的昆明、普洱、西双版纳、墨江等地均拥有成熟的旅游项目。

四 普洱太阳河国家公园森林康养旅游开发模式

普洱太阳河国家公园以丰富多彩的森林景观、优质富氧的森林环境、健康美味的森林食品、深厚浓郁的民族文化为主要资源，配备相应的旅游、养生休闲服务设施，开展以康养为目的的森林游憩、度假、疗养、保健等旅游活动。普洱太阳河国家公园森林康养旅游集林业、医药、度假、教育、文化、卫生等于一体，其开发模式以"林旅融合"的康养旅游模式为主，以"农旅融合""体旅融合"为辅。

（一）"林旅融合"的康养旅游模式

普洱太阳河国家公园的资源价值与景观具有典型的地区特色和生态特色，并保留了多个完好的生态系统，其具有难以替代的保护、教育和游憩价值。公园分布着南亚热带季风常绿阔叶林，具有典型性、完整性、原始性、过渡性和复杂性。首先，季风常绿阔叶林作为南亚热带的地带性植被，在我国大部分区域破坏严重；而太阳河森林公园的季风常绿阔叶林面积为131.47平方千米，占公园总面积的61%，使公园为我国仅存的面积最大的连片典型季风常绿阔叶林分布地。其次，公园内植物以壳斗科的栲属植物为主，具有完整的群落结构，构成了典型的南亚热带森林景观；同时，普洱太阳河国家公园森林覆盖率为94.5%，其中又以原始植被为主，原始林占比高达90%以上，在热带—亚热带区域较罕见。各种植被类型的生态演替极少受到人为扰动，保持了自然演替的状态。最后，当地气候和植被的过渡属性导致了地理成分的复杂性。普洱太阳河国家公园的上述特点，除了具有调节城市温度、平衡生态的作用外，还为开展游憩、教育、科研、康养活动等提供可能。此外，国内外相关研究表明，森林植被密集区会释放大量高浓度的负氧离子，从而使该区形成"天然氧吧"，这对提高人体免疫力调节身体机能、改善身心状况、预防疾病等具有积极效果。普洱太阳河国家公园以丰富的森林资源为依托，以森林观光、森林浴、林间漫步、森林体验为主题，以康养保健（如森林瑜伽、正念、禅修等）为产业拓展端，打造具有康养功能的"一站式森林旅游目的地"。

（二）"农旅融合"的康养旅游模式

党的十九大报告明确提出乡村振兴战略，而产业融合为乡村振兴提供了方向。首先，茶业作为我国的一种特色农业，与旅游业具有高度相关性，即茶旅一体化。这是一种将茶业同旅游业结合并一体化发展的新模式，以茶文化为核心、以茶资源优势为基础、以茶叶种植基地为依托，围绕市场需求将旅游体验作为销售热点，对旅游体验茶文化环节进行整合。普洱茶享誉世界，如今迎来新的发展机会，它的种植、管理、采摘、制作自成一体，富有民族特色的茶道使游客在品味的同时领悟独特的普洱茶文化。普洱茶文化涵盖了茶树品种、种植、加工、民俗、文艺、医疗等的发展演化历史，内容十分丰富，形成了以茶祭祀、待客、作礼、交友、入诗、入舞为主的观念体系。普洱茶讲究冲泡技巧和品饮艺术，其饮用方法较为多样。普洱少数民族多喜欢用"混饮法"，在普洱茶中添加喜欢的辅料；而普洱茶清饮法极讲究技巧，可以让人深刻理解普洱茶的茶性，品味普洱茶的色、香、味、滋、韵、气。因此，在茶旅一体化的基础上，普洱太阳河国家公园依托普洱茶本身的药用价值，以普洱思茅的茶园为基础、以茶文化为核心，将种茶、采茶、制茶、品茶、学茶等茶产业链各环节与旅游相融合，游客不仅可以体验茶园护理、茶叶制作，还可在差异化体验中实现身心放松与享受。其次，普洱有哈尼族、彝族、拉祜族、佤族、傣族、布朗族、回族、白族、瑶族、傈僳族、苗族、蒙古族、景颇族等 26 个民族。各民族和谐相处，共同创造了独具特色的民族文化，至今还保存着大量的风俗习惯，具有极大的开发价值。各民族的饮食习惯充分体现了其利用南亚热带森林资源的能力。在各民族的饮食中，直接取自自然的食品和配料有竹、芭蕉、野蘑菇、青苔、蜂蛹、蝉蛹、水薄荷、水蕨菜、水芹菜以及鱼、虾、蟹等，主要的烹调方法有煮、烧、烤、煎、蒸、舂、腌渍，各种菜肴美味可口、别具特色。因此，普洱太阳河国家公园可以依托保留较好的民族物质资源和文化资源实现农旅融合。

（三）"体旅融合"的康养旅游模式

据国家卫生健康委员会统计，2021年中国居民健康素养水平为25.40%。可见我国居民健康素养总体水平仍有待提高，居民获取和运用健康知识来维护、管理自身健康并形成健康生活方式的能力仍较低。但随着人口老龄化时代的到来以及慢性病年轻化的趋势，政府、社会以及居民已意识到健康的重要性，手机计步App、运动"打卡"、城市马拉松等深受人们喜爱，也为体育与旅游的融合提供了条件。普洱太阳河国家公园依托得天独厚的旅游资源打造环山旅游公路、环山栈道等观光康体环道，开展登山、攀岩、山地马拉松等专项运动，先后举办了UT100普洱国际越野跑挑战赛、普洱马拉松等国际级、省级精品体育赛事。

五 普洱太阳河国家公园森林康养旅游发展路径

（一）建立生态保护与资源开发良性互动机制

普洱太阳河国家公园森林康养旅游开发应继续坚持保护至上、绿色开发的原则，牢固树立可持续开发的理念，建立生态保护与资源开发良性互动机制。一方面，打造多类型、多层次的生态公益林，拓展丰富养生林及生物多样性功能区，将澜沧江重要生态屏障的核心作用充分发挥。另一方面，全面考虑森林康养旅游资源的环境承载能力，探索人与自然和谐发展的经济发展模式，科学规划森林康养旅游开发的步骤和内容，做到有计划、有组织地合理开发，实现生态环境保护、经济发展、民生改善三者和谐统一。

（二）森林康养基地功能分区，合理开发森林资源

普洱太阳河国家公园可以考虑将森林康养基地按照产品类别（即森林

主导康养、森林运动康养、森林体验康养、森林辅助康养以及森林康养科普宣教）进行功能分区，如医疗保健区、生活体验区及健康文化区。其中，医疗保健功能可以通过森林疗养中心、静坐疗养平台、森林浴场等实现；生活体验功能可以依靠生态庄园、普洱茶园实现，游客可以进行采摘、垂钓等活动，同时可以在森林内设计一系列探险活动（如森林探险等）；健康文化功能可以通过基于普洱多民族文化的特点开展观赏性森林康养旅游活动实现。

（三）加强人才引进和培养，实现企业转型升级

森林康养旅游的发展需要既掌握林业、动物学、医学、护理等知识，又具备基地设计、运动、人文、旅游等学科基础理论和技术的复合型人才。然而，目前普洱太阳河国家公园的员工以普洱本地人为主，学历水平普遍较低，复合型人才非常稀缺。因此，需要从外部适当引进综合素质较高的复合型人才。另外，森林康养旅游产业需要培养多层次的人才，虽然目前普洱太阳河国家公园开展了部分职业培训，但是培训的专业度和体系化都不够，因此应采取学历教育和职业培训相结合的方式，并适当引进外部培训，建立较为完善的人才培养体系，以符合企业转型升级和二次发展的要求。

（四）打造智慧旅游营销体系，提高公园知名度

随着智慧旅游时代的到来，普洱太阳河国家公园以互联网、大数据技术为支撑，开展自媒体营销、互联网营销，构建智慧旅游营销体系，提高了其森林康养旅游的知名度和影响力。自媒体营销作为一种新型的网络营销模式，包括微信、微博、博客等形式，具有"共享媒体"、无时空限制以及社交属性等特点。普洱太阳河国家可构建微信、微博营销平台，积极挖掘游客旅游偏好，以话题为媒介，实现游客与景区的互动，增强游客的体验感。互联网营销方面，可以积极探索与腾讯、百度、京东等合作，整合腾讯网、百度旅游等优质全媒体资源，通过全面、覆盖式传播渠道，将森林康养旅游资源优化组合，面向全国推广。同时，可以通过成立森林康养旅游网络营销联盟加强与阿里巴巴、携程网、去哪儿网等的合作，进一步开展森林康养旅游宣传工作。

（五）促进森林康养旅游全域化发展，避免同质竞争

首先，在空间上不能仅停留在景点层面，而应在改善原有景点、挖掘新兴景点的基础上，做好景点之间的衔接，填补景点之间的空缺。应打破原有发展孤立景点的思维模式，将不同的景点连接起来。其次，除了思维模式发生变化，参与者也应该发生变化，应该由原来"政府引导、企业开发、游客接受"的单一方式转向全民参与模式，通过涉及产业的增多来增加参与主体。在森林康养旅游的规划发展过程中，需要相关主体的积极协调和配合，从而顺利推进森林康养旅游的全域发展。应积极利用"森林康养旅游+"，联合农业、工业、体育、医疗等相关产业，打造多元化的森林康养旅游产品。

六 结语

本报告根据对普洱太阳河国家公园森林康养旅游的相关理论分析、充分调研以及案例对比，总结其对普洱森林康养旅游发展的重要推动意义。从特殊资源和区位优势出发，通过优劣势分析和市场分析，发掘普洱太阳河国家公园康养旅游发展的潜力及开发价值。普洱太阳河国家公园森林康养旅游发展模式以"林旅融合"为主，以"农旅融合""体旅融合"为辅。符合其自身特点的森林康养旅游发展路径从功能分区、人力资本优化、新型营销方式、森林康养旅游全域化发展等方面协同促进森林康养旅游产业发展。普洱太阳河国家公园森林康养旅游发展的实践对国内其他森林公园与康养旅游结合发展具有一定的借鉴意义。

参考文献

霍岳飞：《地理区位视角下的太行山区森林康养旅游发展对策》，《长沙航空职业技术学院学报》2018年第3期。

张吉乾、张文凤：《贵州省发展森林康养产业的SWOT分析》，《科技风》2019年第25期。

鲍兰平、唐红、左玲丽：《海南森林康养旅游产品开发研究》，《现代营销》（经营版）2019 年第 3 期。

郑才亮等：《基于 2010—2017 年省级面板数据的森林公园旅游收入影响因素研究》，《中国林业经济》2019 年第 5 期。

陈亚云、谢冬明：《江西森林康养旅游发展刍议》，《南方林业科学》2016 年第 5 期。

吴后建等：《森林康养：概念内涵，产品类型和发展路径》，《生态学杂志》2018 年第 7 期。

陈晓丽：《森林康养旅游研究及开发探析》，《黑龙江生态工程职业学院学报》2016 年第 5 期。

李昊明：《山西省发展森林康养旅游探索》，《山西林业》2019 年第 2 期。

李梓雯、彭璐铭：《依托国家森林公园发展森林康养旅游的探讨——以浙江雁荡山国家森林公园为例》，《林产工业》2017 年第 11 期。

赵君、赵璟：《云南磨盘山国家森林公园森林康养旅游 SWOT 分析及开发策略》，《安徽农业科学》2019 年第 13 期。

吕博：《遵义市森林康养产业发展的优劣势及发展路径探究》，《农家参谋》2019 年第 17 期。

王筱微：《森林康养旅游开发研究——基于湖北 3 个森林康养基地的调查》，硕士学位论文，中南民族大学，2018。

Ⅳ 借鉴篇

Reference Reports

B.11
基于 SoLoMo 的民族地区康养旅游
营销策略研究
——以养老旅游为例

赵德森 杜靖川 洪湾湾 袁 梦 彭 红 杨 泹*

摘 要：随着老年社会的发展，养老旅游日渐形成市场。由于养老旅游有别于传统的其他旅游形式，有着自身的特点和要求，要采用新思维、新方式、新路径来开展旅游营销。为此，基于 SoLoMo 理论"社交化、本地化、移动化"的要求，从消费者需求产生开始，经历信息获取、线上线下

* 赵德森，博士，云南大学工商管理与旅游管理学院副教授，主要研究方向为康养旅游创业管理；杜靖川，硕士，云南大学工商管理与旅游管理学院教授，主要研究方向为旅游经济管理、市场营销与战略；洪湾湾，云南大学工商管理与旅游管理学院硕士研究生，主要研究方向为旅游经济管理；袁梦，云南大学工商管理与旅游管理学院硕士研究生，主要研究方向为旅游经济管理；彭红，云南大学工商管理与旅游管理学院硕士研究生，主要研究方向为旅游经济管理；杨泹，云南大学工商管理与旅游管理学院硕士研究生，主要研究方向为旅游企业管理。

交易、目的地消费、线上评价与线下分享传播等环节，这一过程既体现了线上线下结合的特点，也将社会化、本地化与移动化等各种因素有机结合，发挥传统营销与现代营销的优势，与养老旅游的要求相呼应。本报告以云南省普洱市为例，分析了民族地区养老旅游营销的特点和要求。

关键词：养老旅游；SoLoMo；营销策略；民族地区

SoLoMo-based Research on the Marketing Strategy of Health and Wellness Tourism in Ethnic Areas: A Case Study of Old-age Tourism

Zhao Desen, *Du Jingchuan*, *Hong Wanwan*, *Yuan Meng*, *Peng Hong*, *Yang Yi*

Abstract: With the development of the elderly society, the old-age tourism has formed a realistic market. As the old-age tourism is different from other traditional forms of tourism, has its own characteristics and requirements, we should adopt new thinking, new methods and new ways to carry out tourism marketing. Therefore, based on the demand of "socialization, localization and mobility" of SoLoMo theory, the demand of customers for health care begins, through information acquisition, online and offline transactions, destination consumption, online evaluation and online sharing and dissemination, the process embodies the characteristics of the combination of online and offline, it also organically combines various factors, such as socialization, localization and mobility, and full plays the advantages of traditional marketing and modern marketing, corresponding to the requirements of old-age tourism. This report has taken Pu'er City in Yunnan Province as an example to analyze the characteristics and requirements of the old-age tourism marketing in ethnic areas.

Keywords: Old-age Tourism; SoLoMo; Marketing Strategy; Ethnic Areas

一　问题的提出

养老旅游是指老年人以旅游的形式前往异地养老而产生的一系列活动，即老年旅游者在异地养老过程中的旅游行为及其表现。养老旅游是老年人

173

主动、积极地提高晚年生活质量的选择，通过放松、治疗等方式，帮助老年人获得身体上的放松和精神上的愉悦。所以，养老旅游的过程特别重要，关乎老年人生活质量的提升。没有较强的吸引力以及较高质量的旅游活动、设施和服务，养老旅游就难以实现。由于旅游者与目的地之间存在空间上的分离，营销和策略对顺利开展养老旅游起着重要的作用。加之老年旅游者有别于传统的中青年旅游者，对旅游产品存在敏感性、挑剔性，一旦喜爱上某项旅游产品，其情感的依赖将表现得十分明显。因此，旅游营销的设计要凸显针对性，并与养老旅游的要求相符。

近年来，随着人口平均寿命的延长以及老年人数量的增加，我国已进入老龄社会。根据国家统计局公告，截至2021年底，我国60岁及以上人口已达2.67亿人，占全国总人口的18.9%，远高于国际公认的10%的标准，而且老年人口数量还在持续增长，人口老龄化已是必然趋势。与此同时，随着我国经济社会持续发展，城乡居民收入水平逐年增加，2021年全国人均国内生产总值为8.1万元，老年人口数量与人均国内生产总值水平双双持续增长，意味着养老旅游将会形成庞大的现实市场，做好养老旅游市场营销十分紧迫和必要。要从养老旅游市场的实际出发，采用新思维、新方式、新路径来开展旅游营销，使养老旅游市场的开发进入良性轨道。

二 文献回顾

在发达国家，由于率先进入老年社会且收入水平较高，养老旅游已成为老年人的重要生活方式，从20世纪30年代起，欧美老年人就选择在海滨和适宜的乡村居住，养老旅游的社会性逐渐表现出来，而后引发了社会对养老旅游的关注和研究。近年来，随着养老旅游规模的不断扩大以及相应研究的深入，有关养老旅游的研究也有所增加，研究内容包括：养老旅游行为受生命历程影响，具有个体多样性，又表现出突出的性别和代际特征；气候条件、自然环境、文化氛围、生活方式等往往是老年人出游的首要动机；养老旅游者的生活方式具有季节性、多居所、巡回式特点；养老旅游者分为乡村型和海滨型两种；养老旅游者出游的目的地往往是医疗水平较高的地区；等等。

国内对养老旅游的关注始于 20 世纪大量养老旅游活动产生时，许多学者开始从基本含义、类型、市场潜力、社会影响等方面入手探讨，如王红姝等学者于 2014 年发现我国市场上能提供给养老旅游者的产品和服务不足 500 亿元，但实际上养老旅游者每年创造的旅游业产值高达 3000 亿元，市场需求得不到满足；史燕于 2012 年从旅游市场营销的角度对老年人旅游行为进行了分析，并以"4P's"理论为依据，较为系统地提出养老旅游市场的开发设想；武晓丽于 2009 年从"4P's"理论的 4 个角度探讨了养老旅游的市场营销策略；黄钰堡于 2014 年提出城郊养老旅游产品设计开发原则，认为要重点开发旅居度假养老产品、休闲农业旅游产品、康体养生旅游产品，以满足不同年龄阶段、不同需求的老年人对养老旅游的诉求；张文菊于 2015 年以产业融合理论为出发点，提出养老旅游要与健康旅游、养老地产、保健食品加工等产业融合发展的思路。

总的来看，国内外对养老旅游的研究逐渐增多，主要集中于养老旅游的性质与特点、养老旅游的基本类型与诉求、区域性实践、市场发展趋势等方面，对养老旅游的市场营销研究尚停留于游客需求分析、"4P's"理论等传统营销策略，缺乏更多的营销观察视角和分析工具，尚不能很好地说明、解构养老旅游市场营销策略。

三　研究理论依据

SoLoMo 是美国著名的创投教父约翰·杜尔于 2011 年针对移动互联网的特点提出的概念，他依据社交网站、本地位置、移动互联，把社交（Social）、本地（Local）和移动（Mobile）三者结合在一起，形成"社交化、本地化、移动化"的综合概念，简称"SoLoMo"。这一概念一经提出，不仅被公认是对互联网发展方向的指引，而且被广泛应用于其他领域，成为具有广泛指导作用的理论依据。SoLoMo 理论框架如图 1 所示。

目前，SoLoMo 理论已经在旅游研究中得到初步的应用。旅游活动是人们出于观光、休闲、度假等多种目的，离开常住地，在目的地短暂停留又返回常住地的活动。在这一过程中，游客表现出明显的空间位移，往往与其他游客为伴或需要他人的帮助，自然产生社交性行为。当游客观赏、体

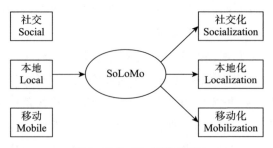

图1　SoLoMo 理论框架

验自然景观和人文景观时，必然要与当地的历史风貌、人文关系、自然环境等形成联系，并与当地居民或旅游经营者在行、住、游、购、娱以及康养、医疗、学习等环节产生或多或少的交易活动，客观上融入了当地的社会经济文化生活。并且，养老旅游者在目的地停留时间越长，即养老旅游时间越长，其本地化的特点就越明显。同时，养老旅游者从常住地到目的地再返回常住地，形成空间的移动，加之养老旅游者大多拥有智能手机，因而完全可以实现基于互联网的移动式信息交互。由此可以看出，SoLoMo理论与养老旅游的特点高度契合，旅游企业和相关组织可借助 SoLoMo 理论的基本思想，形成养老旅游的立体化营销模式。

四　养老旅游 SoLoMo 营销模型的构建

在传统的养老旅游市场营销过程中，许多旅游经营者遵循"销售漏斗"理论的要求，按其逻辑推理而建立营销模型，具体如图2所示。

图2　"销售漏斗"营销模型

这一模型有几个突出的不足之处：一是把养老旅游者视为被动的对象，要通过广告、促销等手段吸引他们的注意；二是其营销过程并未立足消费者的需要，而是以经营者为中心，这是最突出的错误，未能反映现代旅游营销的基本要求；三是营销方式、渠道等呈现单一性，营销效果一般，与当今营销信息传播的要求尚有较大的距离。

　　为此，以 SoLoMo 理论为依据，构建养老旅游 SoLoMo 营销模型，可以更好地适应养老旅游市场的客观发展要求。这一模型从消费者需求产生开始，经历信息获取、线上线下交易、目的地消费、线上评价与线下分享传播等环节（见图 3），这是一个循环往复的过程，既体现了线上线下结合的特点，也将社交化、本地化与移动化等各种因素有机结合，发挥传统营销与现代营销的优势；当然，最重要的是符合养老旅游的客观要求。

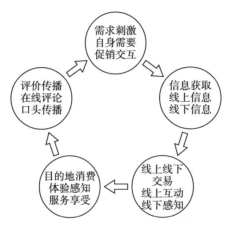

图 3　养老旅游 SoLoMo 营销模型

　　上述模型将网络因素体现在各个环节，凸显了交互、体验等营销元素。就需求产生的环节来看，由于养老旅游者往往对高品质生活等有内在需要，会通过一定的形式将内心的诉求表达出来，而互联网技术的发展使越来越多的人通过微博、微信等网络社交媒体将自己的愿望在一种轻松、平等的环境下进行表述，养老旅游经营者可以通过线上、线下调研，分析、总结养老旅游者的需求与特点，结合自身实际，有针对性地开发养老旅游产品，采用交互式的促销方式，与养老旅游者的需求相匹配。

　　就信息获取环节来看，养老旅游者会采取线上与线下相结合的方式来选择自己需要的养老旅游产品。旅游者借助手机等工具在移动互联网环境下寻找自己所需要的旅游产品及相关信息，然后通过线下传统的旅行社或自己熟悉、信任的同类消费者的评价、推荐印证自己的选择、判断，若信息一致且评价与自己的期望相符时，就会产生购买的冲动；若信息不一致，尤其是线下信息为负面信息时，购买的欲望就会受到抑制。养老旅游者在线下获取相关旅游产品时，往往也会通过网络社交媒体收集相关信息，以印证原先获取信息的真实性。这种线上线下信息的获取过程，是社会化的具体表现。

就线上线下交易环节来看，养老旅游者确认了想购买的产品后，就有可能在线上或线下购买。选择线上购买的养老旅游者通常对网络支付较为熟悉、有多次支付的交易经验，被网络支付的便利性、快捷性、安全性等特点所吸引，会通过手机上的支付宝、微信支付等工具进行购买。不可否认的是，由于没有面对面的沟通、交流，养老旅游者在网上购买时会对一些因素十分敏感，如网页吸引力、链接质量、支付便利性以及移动时手机信号的强弱等，即养老旅游者与相关网络的互动状况会影响交易。另外，有许多养老旅游者仍有线下购买的传统习惯，但他们的购买决策已不同于以往，他们的线下购买也会受线上信息的引导，购买决策的基础为网络信息，这就要求网络信息要有较高的可信度。

就目的地消费环节来看，当养老旅游者到达目的地、开始消费所购买的养老产品时，就意味着养老旅游正式开始。一般来说，这个过程少则几日，多达数月，较其他旅游活动而言时间更长，因此养老旅游会有较长时间的体验相关产品的过程，体验性贯穿始终，养老旅游者感受深刻。若旅游者实际体验的旅游产品、服务与预期一致，养老旅游者会感到满意；若实际体验高于预期，养老旅游者会产生很满意的心理状态，这可能为今后重复购买乃至产生忠诚度奠定良好的基础。当然，若实际体验低于预期，养老旅游者容易产生不满意的感受，这种体验感若不能及时消除，会使养老旅游者不再购买，且成为负面信息的传播者。

就线上评价与线下分享传播环节来看，养老旅游者消费后的感受会成为其社会交往、信息分享传播的重要内容，不仅会涉及旅游活动过程的所见所闻，如饮食、交通、住宿、医疗保障、民风民俗等，而且会对旅游产品、服务、设施、管理、养老旅游效果等做出评价。若为肯定性的评价，将可能予以推荐；反之，就会建议他人不要购买、消费。这些已完成养老旅游的人员还会充当其他欲参加养老旅游人员的消费顾问，若这些信息的传播者是老年人中的意见领袖或有影响的人物，影响力就会比较突出，甚至会左右他人的购买决策。从信息传播的渠道和方式来看，基于互联网技术的线上传播更为重要，众多养老旅游者利用微博、微信、论坛等，不仅将自己的感受、经历、评价与他人分享，还会将自己拍摄的照片、视频、录音等配合播放，现场感强烈，传播范围广泛，传播速度快。养老旅游者也会口口相传，但有可能会出现信息丢失、不完整甚至误导等情形。总的来看，这一环节中养老旅游者的态度十分重要，往往决定着评价、推荐的内容和指向，同时要看到养老旅游者的线上评价越来越重要。

五　养老旅游 SoLoMo 营销模型下
养老旅游市场营销策略

养老旅游 SoLoMo 营销模型展示出营销活动的过程、主要环节和要求，进行养老旅游市场营销要以此为依据，形成相应的营销策略。

消费者需求产生环节。这一环节主要采取需求驱动策略，具体来说，就是要通过调查研究，按一定的标准细分市场，确定目标市场，对目标市场中养老旅游者的需求状况进行分析，判定其需求的规模、类别、特点、结构、延展的可能性，进而将重点放在激发这些目标消费者产生需求上。越来越多养老旅游者的网络传播力日益增强，要借助手机等移动终端形成动态、实时的联系，根据养老旅游者的消费兴趣和消费偏好，向其推送相应的信息，为养老旅游者提供个性化、定制化的养老旅游产品。另外，要在线下积极寻找养老旅游者信任、易于模仿和跟随的意见领袖，这些意见领袖往往是有权威的家庭成员、老人社团的负责人等，他们对养老旅游的意见、观点往往会影响其他老年人，意见领袖的意见及其自身的购买行为会激发其他人产生养老旅游需求。

信息获取环节。这一环节主要采取促销策略，这是因为养老旅游者与旅游企业之间的信息交互过程实质上是信息沟通过程，若沟通顺畅，就会促使旅游者购买，反之则会影响甚至打消旅游者购买的念头。要实现有效的沟通，重点是把握沟通的 5 个关键：信息发布者、信息源、信息沟通渠道、沟通对象、沟通效果。就信息发布者而言，无论线上线下，养老旅游产品的信息发布者应以权威发布为主，其可靠性、专业性、可信度等特征对养老旅游者更有吸引力；就信息源来说，信息中的论点、诉求、结论等要与养老旅游者的需要相吻合，而且要清晰、可信；就信息沟通渠道来说，线上渠道要从老年人的特点出发，不要单纯地以广告形式出现，要以内容营销为主，强调情结式的表现形式，以更好地传递信息，同时要注意老年人的在线评价等多样化的信息，了解老年人对旅游企业所发布信息的反应，尽力提高信息交互的有效性，线下渠道要充分使用传统的报纸、电视、活动等渠道，有针对性地发布相关信息，要积极地创造条件设立社区观察点，更深入地发布、收集相关信息，并与线上信息对比、印证、补充；就沟通对象而言，一方是从事养老旅游的旅游企业及其相关组织，另一方是拟参与养老旅游的潜在游客，这二者不仅身份要清晰，而且要发生直接的联系、交流，沟通对象不明确，沟通将大打折扣；就沟通效果来说，良好的沟通效果应是沟通双方或多方对相互交流的信息均感兴趣，进而产生交易意向，为此要设立相应的指标，对沟通效果进行评价，以便找出不足，为提高沟通效果提供依据。

线上线下交易环节。这一环节主要采取便利化营销策略，从线上交易来看，交易的便利化体现在购买时间与地点的重合，即用手机等实时在线交付，同时可根据养老旅游者的购买时间段、购买行为等信息，提供相应的优惠信息或其他"价值"，促使交易尽快完成；从线下交易来看，消费时空分离导致养老旅游者购买养老旅游产品或服务时，要克服交通等不便条件前往经营点，以传统的方式咨询、购买，甚至要以现金方式支付，形成了等客上门的被动经营特点，虽有利于养老旅游经营者，但对老年人来说却有诸多不便。为此，要以养老旅游者为中心，改变固定经营的传统做法，主动到欲购买养老旅游产品的顾客处积极开展咨询、交易等活动，尽管无法与网上交易的便利性比较，但由于养老旅游经营者自我进行空间移动，其社会性意义就有了显著的不同，真正做到了以养老旅游者为中心，养老旅游的本地化特征得以充分彰显。

目的地消费环节。这一环节主要采取体验营销策略，养老旅游的具体消费过程，是养老旅游者通过看、听、用、参与等方式来体验、感知旅游养老产品和服务的过程，养老旅游从此意义上来说是体验旅游的过程。为此，养老旅游企业应采取体验营销策略，以促使养老旅游者在旅游消费全过程都有良好的感受；就知觉体验来看，养老旅游产品要有一定的体验性，使养老旅游者在视觉、听觉、味觉、嗅觉等方面得到满足，形成良好的感受，甚至是难忘的印象，如环境优美、气候温和、空气清新、饮食可口、服务优良，这众多因素的集合自然就让人产生良好的感知，形成较高的满意度甚至激发忠诚度，进而会使养老旅游者增加购买的次数及购买序列化、高价值的其他养老旅游产品；就思维体验来看，养老旅游本身就是积极、主动的养老方式，只要养老旅游产品或服务创意得当，就会引起养老旅游者的兴趣、思考，使养老旅游者对生活、养老等有新的认知，如养老旅游中的养老常识、养老方法、养老技术、权威人士养老经验交流，就有可能促使养老旅游者重新审视自己原有的生活方式，重新思考自己的未来选择，养老旅游体验就此嵌入养老旅游者的内心深处，可能使养老旅游者在常住地与目的地之间多次往返、多次消费；就行为体验来看，可以适当地安排、组织适合养老旅游者的活动，尤其是有益身体健康、老年人喜爱的文体活动、康养活动、公益活动等，贯穿于养老旅游的整个过程，从而形成与常住地不一样的、诱人的生活形态；就情感体验来看，可通过养老旅游者之间的生活经验、养老体会的交流，使养老旅游者在旅游活动中感受亲情、友情。养老旅游企业和组织提供的服务要具有特色，要有突出的服务意识和良好的服务质量，以亲人般的态度接待养老旅游者，使养老旅游者产生"家外之家"的温暖感受，形成情感的依恋而长时间逗留、多次前往以及进行口口传播。这一阶段要注意的是，养老旅游企业所提供的产品和服务要与线上推广、承诺一致，不能使养老旅游者的期望与实际消费感受不符。

线上评价与线下分享传播环节。这一环节主要采取口碑营销策略。养老旅游者在抵达目的地的过程中以及在目的地逗留期间，会通过电话、微信、短信、视频聊天等方式与自己的亲友互动、交流，告知沿途轶事、趣闻、感受等，由于是自身感受，信息接收者为具有高信任度的对象，因而无论是语音、照片、视频，还是传统的文字，都容易引起信息接收者的关注，容易产生共鸣，尤其是当养老旅游者处于喜悦或其他激动情绪之中，会不由自主地充当养老旅游企业的"业务推销员"或"诋毁者"，加之互联网技术的支持，信息就会很快传播开来。养老旅游企业及有关组织要对此高度重视，保证相关产品与服务应有的质量，尽量减少服务失误，若发生服务失误时，一定要在短时间内进行补救，努力挽回声誉，降低发生冲突的可能性，控制不良信息的传播。若有可能，可以采取公共关系的方式，巧妙利用多种传播工具，使养老旅游企业和相关组织的知名度与美誉度不断提升。因此，评价传播实质上是社会影响效应的体现，只有形成正面的信息传播，才能达到应有的传播目的。

六 案例

云南省普洱市位于云南省西南部，拥有自然保护区 14 个，森林覆盖率近 70%，负氧离子含量高于 7 级标准，空气质量优级天数在 300 天以上，冬无严寒、夏无酷暑，被评为 2018 年"中国天然氧吧"。普洱市具有草木养身、万物养颜、运动健体养生相结合的康养特点，春吃百花、夏吃百菌、秋吃百果、冬吃百根，以茶为媒、以茶会友、以茶养性、以茶兴业成为当地人健康生活的常态，另外，普洱市拥有傣族、彝族、佤族、哈尼族等少数民族，民族文化丰富多彩，成为闻名遐迩的养老旅游胜地。为了更好地拓展养老旅游市场，近年来，普洱市从以下几方面积极开展工作。

一是加强自身旅游形象建设。在相当长的一段时期内，普洱市仅从自身的资源、区位特点等出发，强调自己的"边城""绿海明珠""林中之城"等形象，但由于同类型地区较多，这些形象未能在市场上产生预期的效果，还被西双版纳闻名海内外的市场形象所影响。近年来，普洱市巧用其独特的普洱茶资源，打造"世界茶源、中国茶城、普洱茶都"形象，客观上较以往进一步厘清了城市的定位，在市场上产生了一定的影响。但是，普洱茶及其文化对旅游市场的感召力有限。为适应休闲旅游、养老旅游的发展，普洱市推出了"养在普洱"的大健康旅游形象，标志着普洱市将健康、养生、养老、休闲、旅游等多元化功能融为一体，建设养老旅游胜地。由此，普洱市改变了以往呈现的跟随者的发展形象，近几年的旅游增长速度均居云南省各州市前列。

二是加快养老旅游产品及其配套设施建设。依托生态资源，发挥"四季如春"的气候优势，普洱市围绕普洱茶文化、民族文化、边地文化、生态体验、健康养生、康体运动等主题，打造集文化、旅游、养生、养老于一体的国际性旅游休闲度假养生基地。普洱国家公园、西盟勐梭龙潭、墨江北回归线标志园成功创建 4A 级景区，天士力帝泊洱生物茶谷被认定为首批国家工业旅游示范基地。普洱市积极建设养老旅游基地，并采取多样化的经营方式，基地内有老年公寓、银色住宅、疗养院及分时产权式公寓等，可以为不同需求层次的人群提供养老方式、休养时间和居所产权的不同选择。另外，普洱市积极引入健康管理系统，包括以糖尿病、心脑血管疾病为专业治疗方向的合作医院，推进与著名体检中心的紧密合作，构建个性化的以健康体检、咨询服务、健康评估为主的健康管理信息系统，打造以调理康复为核心的康养特色产品。

三是拓展营销渠道。普洱市积极把"养在普洱"的思想和理念贯穿于旅游工作及其相关工作中，在营销中汇聚政府、景区等力量，并努力把自己嵌入云南省的重大旅游促销活动，还与周边地区开展营销互助协作，特别是加强与旅行社的合作，通过旅行社更好地输送客源，这一做法客观上与当前养老旅游者的出游方式高度契合，吸引了大量养老旅游者。近年来，普洱市还十分重视通过以互联网技术为核心的现代营销方式，如 App、微博、微信等，编写并传播与养老旅游者需求相吻合的内容，有针对性地向目标人群推送。

四是加大旅游促销力度。普洱市参与了省内外旅游交易会、旅游展览会，与旅游批发商进行面对面的直接推销，加强与旅游批发商的合作，在传统促销方式的基础上，还利用广播、电视、报刊、互联网等各种媒体，适时宣传、报道旅游动态和康养信息，利用自己特有的普洱茶、民族文化等资源，举办有较大影响力的专题会或承办茶艺、咖啡、音乐比赛等文艺赛事，同时逐渐推出一些旅游节庆活动，以更好地吸引养老旅游者。

普洱市的康养旅游营销策略获得了成功，究其根本原因，是普洱市的养老旅游营销策略符合 SoLoMo 理论的基本要求。其一是普洱市在对旅游需求的把握上瞄准了养老旅游者，把自身的资源优势与市场日益增长的需求紧密联系起来，使养老旅游者的需求得到了响应；其二是普洱市改变了传统仅依靠线下信息传递的方式，较好地利用线上的技术特点进行线上信息的传播，使"养在普洱"理念在广阔的空间扩散，引发了广大养老旅游者的关注，许多普洱市当地的养老旅游企业已采取线上线下交易相结合的方式，为养老旅游者提供了消费的便利；其三是普洱市通过招商引资，引入外地投资商前来建设开发养老旅游设施和相应的产品，而这些外地投资商又在自己特有的营销渠道和线上平台中营销、推广自己的产品，这在实质上增添了营销渠道和力量，较好地弥补了普洱市在网络营销上的不足；其四是普洱市近年来逐渐重视邀请记者、中间商、主要媒体经营者等前来进行考察、体验，并请他们将自己的感受、体会等在媒体尤其是新媒体上发表，从不同角度分享普洱市养老旅游的经验、心得，使口头传播与在线评论得以充分地结合，吸引消费者，达到更好的营销效果。普洱市在营销策略等多方面做出积极调整，于2021年位列中国康养城市排行榜前50名。

当然，普洱市养老旅游营销策略还有许多不足，在线上线下的结合、老年人对线上信息认知特点的把握等方面还需进一步改进、完善，但普洱市养老旅游营销策略的调整和实施的成功，在一定程度上证明了SoLoMo理论特有的科学逻辑和对市场的认知力量。

七 结论

养老旅游不断发展，其相应的特点往往又被传统旅游企业和相关组织所忽视。按照SoLoMo理论的含义，老年人参与养老旅游的活动完全符合社交化、本地化、移动化的要求，因而基于SoLoMo理论视角可形成养老旅游的营销模型，即由消费者需求产生、信息获取、线上线下交易、目的地消费、线上评价与线下分享传播这几个环节组成的线上、线下结合的过程，把社交化、本地化和移动化的多种因素有机组合。就消费者需求产生环节而言，主要采用需求驱动策略，重点是确定养老旅游者的内在需求、类型、特点以及诉求方式；就信息获取环节而言，应采用促销策略，关键是使线上与线下、养老旅游产品购买者与养老旅游企业之间的信息沟通更加顺畅；就线上线下交易环节而言，应采用便利化营销策略，重点是为养老旅游者的购买过程提供安全、方便的服务；就目的地消费环节而言，主要采用体验营销策略，重点是要使养老旅游者的现实体验感不低于预期；就线上评价与线下分享传播环节而言，应实施口碑营销策略，重点在于使养老旅游产品和服务、养老旅游企业和相关组织、养老旅游目的地的知名度和美誉度都得到提高。

参考文献

王红姝、罗永:《基于老龄化社会的伊春避暑养老旅游发展研究》,《林业经济》 2014 年第 9 期。

史燕:《基于市场营销理论下老年人旅游行为的 4P 分析》,工程和商业管理国际学 术会议,上海,2012。

武晓丽:《濮阳市老年居民旅游消费行为分析及市场营销策略》,硕士学位论文,长 安大学,2009。

黄钰堡:《城郊旅游养老开发模式研究——以广西乐养城为例》,硕士学位论文,广 西大学,2014。

张文菊:《产业融合视角下的西南地区养生养老旅游发展战略研究——以广西桂林 为例》,《南宁职业技术学院学报》2015 年第 3 期。

B.12
浙江与江苏的康养旅游开发之道

童 露 晏 钢[*]

摘 要:随着"健康中国"正式成为国家战略之一,康养旅游已经成为新常态下旅游服务业发展的重要引擎。江苏和浙江作为我国最早发展康养旅游的省份,在休闲度假、养生养老、森林生态、中医药健康等方面走在全国前列。本报告以江苏和浙江两省份有代表性的康养旅游项目为分析对象,分析了典型项目的功能特点,并对江苏和浙江两省份发展康养旅游的经验进行了总结评析,为云南等西部省份发展康养旅游提供借鉴和参考。

关键词:康养旅游;浙江;江苏;云南

The Development of Health and Wellness Tourism in Zhejiang and Jiangsu

Tong Lu, Yan Gang

Abstract: With "Healthy China" officially becoming one of China's strategies, health and wellness tourism has become an important engine for the development of tourism service industry under the new normal. Jiangsu and Zhejiang, as the earliest provinces in China to develop health and wellness tourism, are in the forefront of the country in leisure vacation, old-age health care, forest ecological protection, Chinese medicine and health. This report analyzed the representative health and wellness tourism projects in Jiangsu and Zhejiang, analyzed the func-

* 童露,博士,云南大学工商管理与旅游管理学院讲师,主要研究方向为人力资源管理、旅游管理;晏钢,博士,云南大学工商管理与旅游管理学院教授,主要研究方向为传统文化与现代管理。

tions and characteristics of typical health and wellness tourism projects, and sum-marized the experience of developing health and wellness tourism in Jiangsu and Zhejiang, aimed to provides reference for the development of health and wellness tourism in Yunnan and other western provinces.

Keywords：Health and Wellness Tourism；Zhejiang；Jiangsu；Yunnan

一　引言

随着大健康产业的发展，旅游业发生了巨大变化，逐渐细分出多种多样的形态和市场，康养旅游作为新兴的旅游形态，在近几年发展迅速。目前，多个国家和地区正在开展康养旅游，康养旅游逐渐从小众市场走进更多人的视野，成为旅游市场的新宠。将旅游业和大健康产业相结合发展康养旅游，不仅拥有良好的市场环境，而且具有巨大的发展空间。第七次全国人口普查数据显示，60岁及以上人口为2.6亿人，占总人口的18.70%；65岁及以上人口为1.9亿人，占总人口的13.50%。从年龄结构来看，我国人口老龄化程度加深，预计到2050年，我国60岁及以上的老龄人口将超过总人口的1/3，而老龄人口更倾向康养旅游，人口老龄化将促使我国康养旅游的市场规模呈快速增长态势。尤其是2020年发生的新冠肺炎疫情，对人类健康和生命安全造成了严重的威胁，同时唤醒了国民对健康的重视。大健康是未来发展趋势，人们将投入更多的时间、精力和金钱，用于具有旅游性质的健康产品。

国家旅游局颁布的《国家康养旅游示范基地》行业标准将康养旅游定义为：通过养颜健体、营养膳食、修身养性、关爱环境等各种手段，使人在身体、心智和精神上都达到自然和谐的优良状态的各种旅游活动的总和。康养旅游作为满足人民群众对美好生活向往的重要产业，需要政府、企业、社会组织机构等结合区域经济发展规律和市场特征，构建合理科学的大健康生态体系，在使人们需求得到满足的同时，促进区域经济平衡、持续和创新发展。一般来说，康养旅游在发展过程中形成了包括度假养生、温泉水疗养生、森林养生、高山避暑养生、海岛避寒养生、湖泊养生、矿物质养生、田园养生等在内的康养业态。我国东部地区经济社会发展迅速，消费水平较高，在康养旅游方面领先于其他省份，尤其是江苏和浙江具有良好的市场区位和丰富的资源，在康养旅游方面积累了大量可供借鉴参考的经验。

二 湘湖国际生命健康产业协同创新先行试验区
——休闲度假型

（一）地理区位

湘湖位于杭州市萧山区，是西湖的"姊妹湖"，区位优越，交通便捷。湘湖旅游度假区是全国首批国家级旅游度假区之一，以历史文化、自然生态、休闲度假为总体定位。湘湖旅游度假区以自然生态和历史文化为基础，集湖光山色于一体，其中的杭州乐园是长三角地区最具特色的综合性主题公园，东方文化园是全方位阐述东方文化深厚底蕴的大型旅游度假休闲养生景区，杭州长乔极地海洋公园的极地海洋馆规模、极地动物种类均位居全国第一。

（二）功能定位

辐射长三角及杭州地区，为老百姓的健康休闲提供高品质的服务和保障，打造全国康养旅游服务综合体，成为世界领先的生命健康科技创新高地。

（三）项目基本情况

1. 御湘湖国际健康城

御湘湖国际健康城位于杭州市萧山区湘湖旅游度假区，通过引进国际顶尖的检测手段与设备，联合国内外医疗机构、医学专家及健康管理专家，建立"三维六环"立体健康管理体系，以让更多的人健康、快乐、长寿为使命，以延长人们的寿命、促进身体的健康、提高生活的乐趣为目标，为客户提供一站式健康解决方案。

御湘湖国际健康城由国家发展和改革委员会国际合作中心、杭州市萧山区人民政府、三江控股集团有限公司三方采取"2+1"模式合作共建，目标是打造长三角地区最大的健康产业基地。该健康城采取公司化运作模式，从国家部门到地方政府，全力提供支持、做好服务。该健康城分为健康体检中心、健康管理中心、抗衰老医美中心、养生度假中心等多个中心，特色鲜明、功能完备，能够满足康养客户的多种需求。

2. 杭州开元森泊度假乐园

杭州开元森泊度假乐园是开元旅业集团通过引入欧洲流行的短期度假生活方式、结合当下中国游客度假需求而创新研发的"酒店+乐园"全天候一站式休闲度假综合体。国内休闲旅游市场的快速发展，使杭州开元森泊度假乐园看到了亲子游、周边游等细分市场的巨大潜力，在"亲自然"理念的指引下，打造了"精品度假"与"奇趣游乐"两大核心板块，一站式满足团队及家庭"住宿、美食、游乐、教育"四大高品质度假需求。

杭州开元森泊度假乐园以自然为内核，因地制宜地将多重业态组合升级，包括度假木屋、室内外水上乐园、儿童城堡等。坐落在苍翠森林中的独栋度假木屋，既与自然相连又舒适温馨，不同的房型充分满足多样化出游需求。杭州开元森泊度假乐园的成功取决于两个方面，一是政府采取点状式供地的旅游用地政策，不仅节约了企业的土地购置成本，还节约了用地指标，与时俱进的政策创新为旅游模式的创新提供了有力支持；二是企业在开发过程中本着生态环保的理念，对周围环境改造和室内设计的每个细节进行严格把关，采取措施实现节能节水、无纸化办公等，开展环保可持续和保护生物多样性等主题活动。

三　钱湖柏庭

——高端养老型

（一）地理区位

钱湖柏庭位于宁波市东钱湖，东钱湖曾被郭沫若先生誉为"西子风韵、太湖气魄"。东钱湖水域面积20平方千米，为杭州西湖的3倍，平均水深2.2米，总蓄水量3390万立方米。区域内自然资源丰富，植被种类有300

多种，山地森林覆盖率 92.4%。东钱湖生态环境优美，湖面开阔，岸线曲折，四周群山环抱，森林苍郁；属亚热带季风气候，全年温和湿润，雨量充沛。

（二）特色及功能定位

1. 特色

医养结合，全产业链布局，形成健康养老新模式。钱湖柏庭先后与宁波市医疗中心李惠利东部医院、宁波市老医药卫生工作者协会签订"医养合作"协议，共同探索健康与旅游新模式。

俱乐部式的社交，为长者们的兴趣与爱好搭建平台。钱湖柏庭初设旅游、音乐、舞蹈、烹饪、养生、茶禅、运动、棋牌、摄影等 20 个俱乐部，并配备专属场地，不定期提供与专业人士交流的机会。

完善的生活配套，全方位覆盖衣食住行。钱湖柏庭全方位配备衣食住行生活配套设施，配有精品酒店、餐厅、生鲜超市、理发、干洗、园区班车、园区内阻力车等。

2. 功能定位

聚焦老年人的养老和医疗需求，构建居家社区、医养、康养相结合的高端养老社区，为长者提供一系列的适老化产品和服务。

（三）项目基本情况

钱湖柏庭隶属于宁波钱湖柏庭养老投资有限公司，面向日常生活完全能自理的长者，倡导个性化生活的延续，注重私人服务，为长者营造健康、自由的园区氛围，目的是改变宁波乃至中国的老年生活方式。钱湖柏庭以品牌特有的"有套房、有块地、有温泉、有地暖、有服务"的"五有"专业服务，为长者打造高端养老社区，设有餐饮中心、保健康复中心、养生会所、图书馆、休闲俱乐部、生态农庄等，各种养老生活设施齐全。钱湖柏庭周边生态环境优良，其所处的福泉山麓是东钱湖负氧离子含量较高的区域之一，也是宁波天然氧吧之一，世外桃源般的环境使这里成为长者颐养天年的理想之地。

四　富春山健康城

——生态养生型

（一）地理区位

富春山健康城位于杭州市桐庐县富春江南岸，距离县城中心仅 10 分钟车程。富春山健康城内环境资源优越，生态资源丰富，区内森林覆盖率超过 80%，水源地水质达标率为 100%，是隐秘的"世外桃源"，同城效应和大城市的溢出效应明显，能够真正达到"养生不离家，离尘不离城"效果。

（二）特色与功能定位

1. 特色

良好的山水生态资源。桐庐是"八山半水分半田"的山区县，森林覆盖率高，植被保护良好，富春江和分水江贯穿全县，水资源丰富。优越的自然生态环境和丰富的文化底蕴，使桐庐成为名副其实的"风水宝地"和"人居佳境"。桐庐先后被授予"国家森林城市""华夏养生福地""中国养生保健基地""中国长寿之乡""世界养生基地"等称号。

源远流长的中医药文化。桐庐中医药文化起源于黄帝时代的桐君老人。桐庐既是华夏中医药文化的发源地，也是健康产业发展的先行先试区，不断深入践行"绿水青山就是金山银山"的发展理念，积极创建全国中医药旅游示范区，大力传承中医药文化、发展中医药事业，建立了覆盖全县的中医药服务体系。

2. 功能定位

依托良好的山水生态资源，以中医药文化为特色，以休闲度假为模式，以健康管理为配套，以运动养生为延伸，着力打造以现代健康服务业为主，集运动休闲、生态养生、健康管理、高端养老、健康旅游等于一体的长三角综合健康类服务集聚区。

（三）项目基本情况

富春山健康城在产业空间布局上分为"健康城、运动休闲康体区、生命科技产业区、中医健康养生区、高铁综合功能区"（一城四区），构建了"3＋1"产业发展体系。

富春山健康城最大的亮点是对入驻的企业提供优厚待遇，入驻企业不仅能获得项目配套支持，还可以融入有机循环的产业链，产业间互相延伸、互相助益。富春山健康城的产业政策包括税收、设备购置、科技创新券政策等，在税收政策方面给予入驻企业相关优惠。

（四）江南养生文化村

江南养生文化村是富春山健康城的重点项目，富春山健康城的环境、交通、配套政策等吸引了浙江青蜓健康产业发展有限公司入驻运营。江南养生文化村规划建设成国家级中医药医疗旅游示范项目。江南养生文化村不仅提供养老服务，还提供健康促进服务，核心客户群是有消费理念、意识，关注自身健康以及退休不久的老人。江南养生文化村致力于为目标群体提供个性化的养生体系服务。

五 汤山温泉康养小镇
——温泉疗养型

（一）地理区位

汤山温泉康养小镇位于南京汤山国家旅游度假区内，该度假区位于南京市江宁区汤山街道，是集碑、泉、洞、湖、寺于一体，融人文景观与自然风光为一体的国家级旅游度假区，被评为"中国十大温泉休闲基地"。汤山温泉康养小镇借助汤山温泉资源的康养价值，推进大健康产业发展，带动汤山国家旅游度假区的持续升级。

（二）功能定位

汤山温泉康养小镇的功能定位为：以国家旅游度假区为依托，集康养旅居、休闲度假、中西医融合、医护服务与健康管理、健康产业孵化等功能于一体的温泉康养特色小镇。

（三）项目基本情况

汤山温泉康养小镇是江苏首个康养小镇，也是首个位于国家级旅游度假区的康养小镇。小镇依托汤山丰厚的文化底蕴，注入温泉特色文化基因，构建医疗颐养、养生休闲、文体娱乐、社群自治四大康养体系。汤山温泉康养小镇还将建设医疗养生中心、高端体检集群、智慧科技养老集群、护理院、康养用品研产销贸易集群、颐乐大学、体育智能公园、小镇客厅等。

六　泰州大泗镇中药养生小镇

——中药康养型

（一）地理区位

在"一带一路"倡议、长江经济带、长三角区域经济一体化、长三角城市群等的影响下，以及建设扬子江城市群规划的实施下，江苏泰州打破了苏南、苏中、苏北三大经济板块的传统划分，其未来发展的比较优势明显。泰州的大泗镇地处长江中下游，南接泰州长江大桥，西临中国医药城，北接泰州主城区，是高港区的"东大门"。大泗镇距泰州港约15分钟车程，距上海虹桥机场2小时车程，距南京禄口机场2小时车程，在上海和苏南经济圈辐射范围之内，发展康养旅游的地理区位优势明显。

（二）特色与功能定位

中医药资源丰富。泰州是中国最大的中成药生产基地，有江苏中药科技园等中药种植与旅游基地。目前，泰州已建成中国医药城、凤城河景区、溱湖旅游景区、泰州华侨城等全国康养旅游示范基地，覆盖了"药、医、养、食、游"大健康产业链的各个方面。

历史文化悠久。泰州是国家历史文化名城，这里有水浒传作者施耐庵、评书评话鼻祖柳敬亭、"扬州八怪"代表郑板桥等历代名人，以及星罗棋布的文物遗存，水乡文学、戏曲、宗教等多种文化融合发展，历史文化已成为泰州旅游的亮点。

生态环境优美。泰州有水城、有水乡、有湿地，生态环境好，其环境质量评价指数连续多年领先，是独具魅力的水城水乡、可以深呼吸的绿色之都。

泰州大泗镇中药养生小镇的功能定位为：建成全国领先的生物医药及高性能医疗器械产业集聚区、全国知名的前沿医疗技术应用及精准诊疗先行区、长三角养生养老健康旅游目的地。

（三）项目基本情况

泰州大泗镇中药养生小镇依托中医药资源，打造以健康养生为理念的居住养生目的地，以中医药、康养地产开发为主导，形成了独具特色的健康养生方式。小镇以中药科技园为核心，按照"医、药、养、游"融合发展的定位，积极拓展康养旅游产业发展的深度空间，打造以"1＋3＋N"为发展体系的中医药文化、养生文化、旅游文化、餐饮文化新空间、新平台。其中，"1"是江苏中药科技园；"3"是指促进康养旅游业发展的三大产业，即以生态旅游为特色的休闲娱乐产业、以中药养生文化为特色的商贸文化产业、以医疗器械产业为主体的大健康产业；"N"是指舞台文化、养老、电子商务、生态农业等多个配套产业。小镇依托良好的文化底蕴、生态环境、中草药等健康资源，按照"医、药、养、游"融合发展的定位，以市场为导向、以创新为支撑，注重竞争力的提高及产业的科技创新和可持续发展，深入挖掘整合区域资源，加速推进康养旅游相关产业集聚，全力打造彰显地方中医药文化、养生文化、旅游文化、餐饮文化的新空间、新平台。

七　江浙地区康养旅游发展的经验总结

在长三角区域一体化上升为国家战略、养老与旅游融合发展的背景下，江苏和浙江充分发挥区位优势、政策优势、生态资源优势，打造康养旅游品牌，积极构建长三角共同享有的康养旅游目的地，在目标市场开拓、资源利用、政策制定、开发模式创新等方面值得其他地方借鉴和参考。

（一）政府高度重视，民间资本广泛参与

江浙地区的康养旅游项目获得了当地政府的高度重视和大力支持，政府在用地手续审批、政策制定和投资环境等方面为康养旅游项目建设提供了支持。2014年5月，《浙江省人民政府关于促进健康服务业发展的实施意见》印发，提出放宽市场准入、健全人力资源保障机制、完善财税价格政策等支持政策，大力扶持健康服务业发展，并通过打造健康服务业园区（或基地）、开展试点示范、建设重大项目、培育骨干企业等构建健康旅游业发展载体。同时，《杭州市人民政府关于促进健康服务业发展的实施意见》印发，明确指出要加快打造一批业态优势明显、集聚效益显著、辐射广泛的健康服务业集聚区，支持其享受各项集聚区政策。例如，富春山健康城成立了管委会，主要负责项目的招商引资和管理工作，推动了桐庐当地的经济转型和可持续发展。为了进一步吸引民间资本参与富春山健康城的建设，当地政府和管委会出台了产业发展政策和人才引进政策，在税收、设备购置、科技创新、人才引进等方面为项目落地提供了便利和支持，吸引了一批资金实力雄厚的企业投资建设。

（二）创新合作模式，促进产业发展

江浙地区康养旅游发展的主要特点是创新合作，采用"企业推动+当地政府引导+国家部委指导"的三方合作共建模式，建成了像富春山健康城、泰州国家级康养旅游示范基地等康养试验区。尤其是在利用民间资源方面，江浙地区充分实现了民间资金、人才、项目的聚集。与此同时，江浙地区坚持"绿水青山就是金山银山"的发展理念，在相关旅游度假区建立康养旅游项目。例如，湘湖作为首批国家级旅游度假区，生态环境优美，具备了发展生物科技产业的基础，建设了以"再生医学精准抗衰+（核）辐射细胞药物研发+中医药康养旅游"为主导的全产业链基地，打造国家首个（核）辐射干细胞应急储备（制备）中心及（核）辐射干细胞治疗中心，通过整合资源、搭建平台，充分发挥社会资本、民间资本投资高新产业的积极性，探索生命科技产业与旅游业转型发展的新路径。

（三）目标市场明确，打造满足市场需求的康养旅游产品

随着我国人口老龄化，尤其是东部沿海城市人口老龄化的加剧，以及"健康中国"战略的实施，涵盖养老、养生、医疗、文化、体育、旅游等诸多业态的康养产业开始蓬勃发展，成为备受关注的新兴产业。第七次全国人口普查数据结果显示，60岁及以上人口在总人口中的比重达到18.70%，我国人口老龄化进程加快，庞大的老年群体具有普遍的消费需求、较强的消费能力和强烈的购买养老服务的意向。江浙地区靠近以上海为主的长三角城市群，充分借助城市基础设施优势，承接市场外溢。江浙地区的康养旅游项目抓住时机，明确定位，重点发展以居家养老、中医疗养为主的康养旅游项目，这些项目立足江浙地区，辐射长三角城市群，为长三角城市群的居民提供了高品质的康养旅游服务和保障。

（四）整合要素资源，实现产业融合

江浙地区通过整合要素资源，提高协同配置效率和资源利用水平。从产业链构成看，健康服务业覆盖居民的全生命周期，涉及前端健康预防、中端疾病治疗以及后端康复保健等领域；从涉及的行业看，健康服务业不仅包括医疗服务、健康管理与促进等相关服务，还涉及药品、医疗器械、保健用品、保健食品、健身产品等支撑产业。例如，富春山健康城围绕维护和促进群众身心健康的目标，促进健康养生（养老）、医疗服务、健康管理、中医药医疗保健、健康旅游和文化、健康食品等健康服务业相关领域的功能互补、延伸和相互渗透，培育形成了国家级的康养品牌，推动了浙江康养旅游整体竞争力的提升。

（五）搭建技术和产品应用平台，引进专家院士

江浙地区的康养旅游项目以打造集聚人才、技术、资源的高端产业为主，通过政府引进在国内外有影响力的医学专家、院士团队和机构，共同建设国家级重点实验室。同时，为研发平台搭建技术和产品的应用平台，为消费者提供一站式健康管理服务。在专家院士人才引进方面，江浙地区各地方政府根据项目建设情况出台了相关人才引进政策，在人才薪酬待遇、

安家、工作开展等方面提供了较大的支持。例如，浙江金华的"浙江院士之家"——武义县康养服务中心是以温泉小镇为核心，结合寿仙谷康养基地、璟园文化基地打造的院士康养中心，设有院士疗养站、院士康养园、院士膳食坊、院士休闲绿道、院士民宿、学术交流中心等功能区块，是一个集养生休闲、学术交流、医疗保健等于一体的综合性康养基地。浙江通过综合性康养基地的建设，不仅吸引了一大批高层次专家院士前来开展康养旅游，同时吸引了专家院士到此工作。

（六）合理编制规划，扶持重点项目

在发展康养旅游方面，江浙地区采取因地制宜、多元化开发和整体化运营等手段，对康养旅游进行整体布局和项目区分，将养老养生、生态农业、文化休闲、体育运动、民族医学等融合发展，对每个康养旅游项目从编制范围、功能定位、空间布局等方面进行详细规划。此外，江浙地区各康养旅游项目加强对园区建设、规划编制的统筹协调和跟踪分析，做好政策咨询服务和重点项目申报工作，通过多方紧密合作，高质量谋划、高水平推动康养旅游协同创新发展。

（七）大力发展智慧旅游，不断更新康养旅游产品

在智慧旅游和康养旅游产品的更新迭代上，江浙地区已经走在了全国的前列。2020年新冠肺炎疫情防控期间，智慧旅游为江浙地区的康养旅游发展提供了强大的技术支持。例如，2020年的"五一"小长假，江浙地区实行"预约旅游"，结合旅游平台的大数据信息，对酒店预售、分期消费、分时预约等进行了创新。苏州、泰州、杭州等地出台了"预约免费游"政策，打造研学游产品，并推出一批以康养、祈福为主题的文化旅游线路，面向全国各地的客源市场，开展以市场互换为重点的精准营销活动，主动寻找旅游收入新的增长点。

八 对云南省发展康养旅游的启示

"健康中国"战略背景下，康养旅游产业已经成为新常态下云南经济高质量增长的重要引擎，康养旅游市场广阔。目前，云南省康养旅游产业发

展面临产业发展模式单一、发展方式粗放、目标市场不明确、人才资源短缺、支撑政策力度不足、公共卫生事件应对不力等问题，还未形成一个健康和完整的产业体系，亟须解决相关问题。江浙地区的康养旅游开发经验对云南省有以下启示。

（一）做好产业发展规划，创新产业发展模式

云南省应紧紧围绕"绿色能源、绿色食品、健康生活目的地"的发展目标，从全省层面对康养旅游产业发展进行总体规划，按照全面性、代表性、示范性的原则，选择康养旅游资源优势突出、用地条件成熟、经济基础相对较好的城镇，分类、分层、分区确定康养旅游试点，着力打造一批集医疗服务、健体运动、养生养老、旅居等多种功能于一体的复合型、综合类康养旅游产业项目。同时，打破以房地产开发为主的单一、粗放的产业发展模式，深度挖掘云南省独特的文旅、民族、气候、森林、温泉等资源，使旅游、民族文化、自然生态与现代康养相结合，形成人与自然和谐共生的新产业发展模式。一是以云南省独特的民族文化为基础，建立一批集民族文化体验、康养休闲、养老养生于一体的民族文化驱动型康养旅游目的地；二是依托云南省不可复制的森林资源、温泉资源、气候资源、高原湖泊资源进行康养旅游项目开发，建设资源依托型康养旅游目的地；三是依托云南省中药材资源，以现有的资源特色引进国内外医疗资源，打造康复治疗、养生保健、慢病疗养、旅游观光、休闲度假等多功能式度假区。

（二）找准目标市场，以川黔渝客源市场为主

江浙地区依托长三角城市群消费市场和自身经济优势，在康养旅游产业发展方面奠定了坚实的市场基础。云南省作为我国面向南亚、东南亚的辐射中心，不仅是连接国外的通道，同时具有辐射国内周边省份的独特优势。根据云南省康养旅游资源特点、分布状况和客源市场特征，可以对云南省康养旅游目标市场进行划分：一级市场，也是核心市场，重点是滇中城市群内的消费者；二级市场，以云南省周边省份的家庭自驾游消费者为主，联动四川、贵州、重庆、广西等周边省份；三级市场，以国内其他地区为主，包括东北地区的辽宁、吉林等省份，也包括中部地区的湖北、湖

南等主要客源地；海外市场，重点是与云南省相邻的南亚、东南亚国家，包括老挝、越南、泰国、缅甸等国家。随着旅游消费的升级，康养旅游市场细分程度更高，因此云南省康养旅游应该以候鸟式旅居为主，重视高端市场的年轻消费者。

（三）加大招商引资力度，重视人才培养工作

云南省应紧紧围绕打造"健康生活目的地"的目标，以项目推进为抓手，突出抓好招商引资和项目建设，狠抓产业融合发展，通过定期举办"云南国际康养旅游产业发展高端论坛""中国国际旅游交易会"等方式强化对康养旅游的宣传营销，大力开发康体、养老、养生、文旅、会展等全域康养旅游产品，鼓励和吸引更多的客商来云南省投资康养旅游产业，推动云南省康养旅游产业高质量发展。同时，创新招商引资模式，针对不同的康养旅游项目类别，建立精准招商引智小分队，到上海、广州、深圳、杭州、苏州、成都等地开展宣传营销和招商引资工作。相关行业主管部门要有担当、敢作为，加强顶层设计，积极思考所在行业与康养旅游产业的融合问题，主动对康养旅游人才开发进行深入调研、科学预测和系统规划，不断完善行业人才数据库，为康养旅游人才开发与培养提供决策依据。

（四）优化投资环境，重点引入民营资本参与项目建设

由文旅厅牵头，组织相关部门和人员，认真制定一系列支持康养旅游发展的地方性政策，继续加大对康养旅游基础设施的投入和建设力度，完善康养旅游投融资体制，以市场为导向，从体制和政策入手，优化省内投资环境，引入省内外民营企业参与市场竞争，广泛吸引国内外和社会各界资本参与康养旅游项目建设。在投资环境优化方面，应积极联系省内的融资机构与企业对接，为项目争取贷款贴息和补助资金，大力支持项目前期建设。同时，为进一步鼓励民营资本参与康养旅游项目建设，可借鉴江浙地区先进经验，拟定符合省内各州市实际情况的康养旅游项目支持政策，包括基本要素保障、金融支持、财政支持等方面，在项目建设的用地、水、电、气、税收等方面给予企业政策支持。此外，相关主管部门还应对国家、省级、州市级出台的涉旅政策进行收集汇总，对康养旅游产业发展政策进

行研究，汇总形成康养旅游产业发展政策清单，下发各地方政府，指导相关政策落实，为全省促进康养旅游产业发展提供动力。

（五）搭建创新创业平台，引进康养旅游所需专业人才

建立实施更加开放、自由的人才引进和使用机制，结合云南省人才引进政策，尽快选拔和引进一批具有国际视野、涉外经验丰富的康养旅游管理、营销以及医护和保健专门人才和特殊人才。行业主管部门要鼓励用人单位在全职引进高端康养旅游人才的同时，加大实施柔性引进人才的力度。支持用人单位通过顾问指导、业余兼职、项目引才、挂职引才、技术入股、人才租赁等方式柔性引进康养旅游高端人才，并予以政策支持。做好人才引进的后续服务工作，提供良好的工作条件，解决引进人才的子女入学问题和配偶工作问题。另外，将引进人才与省内现有人才相结合，形成较为完善的人才体系结构，依托省内高等院校、研究单位、康养旅游项目，组建工作团队并完善人才交流培训机制，使外部引进和内外培养的人才能够在一个开放的平台上分享康养旅游服务及管理的先进经验，从而提高康养旅游从业人员的整体素质和专业服务水平。

（六）抓住机遇并用好支持政策，挖掘康养旅游发展潜力

随着人们健康意识的增强，大健康产业将迎来高速发展的时期。云南省应抓住机遇，利用中药材资源、森林资源、温泉资源、气候资源开发相关康养旅游产品，面向中老年群体以及工作压力大、需要改善身体状况、有一定经济基础且对健康重视的白领群体。另外，康养旅游企业要用好政府的支持政策，积极应对危机，保证企业的正常运转。在开发康养旅游产品的过程中，延长资源利用时间并提高利用效率，做好员工培训和团队建设工作，稳定并储备人才。康养旅游企业可构建"云企业"，利用好"一部手机游云南"平台，进一步完善智慧旅游功能，实行预约制，使康养旅游管理更加高效智能。根据市场需求，利用5G等新技术，通过直播、"网红带货"等方式，将康养旅游运营模式从线下向线上转移。

参考文献

《第七次全国人口普查主要数据结果新闻发布会答记者问》，国家统计局网站，2021 年 5 月 11 日，http://www. stats. gov. cn/ztjc/zdtjgz/zgrkpc/dqcrkpc/ggl/202105/t20210519_1817702. html。

《国家旅游局公告 2016 年 1 号〈国家康养旅游示范基地〉行业标准》，健康产业网，2016 年 3 月 11 日，http://cmw-gov. cn/news. view－651－1. html。

杨红英、杨舒然：《融合与跨界：康养旅游产业赋能模式研究》，《思想战线》2020 年第 6 期。

《中国最美县——桐庐养老之所养生圣地》，杭州网，2015 年 11 月 14 日，https://hznews. hangzhou. com. cn/xinzheng/quxian/content/2015－11/14/content_5980817. htm。

《国内首家！中医特色森林康养小镇坐落衡阳！投资 55 亿！》，腾讯网，2020 年 6 月 18 日，https://new. qq. com/rain/a/20200618a0houo00。

《浙江省人民政府关于促进健康服务业发展的实施意见》，浙江省人民政府网站，2014 年 5 月 23 日，http://www. zj. gov. cn/art/2014/5/23/art _ 1229017138 _ 64046. html。

《杭州市人民政府关于促进健康服务业发展的实施意见（杭政函〔2014〕74 号）》，浙江政务服务网，2014 年 5 月 28 日，http://www. hangzhou. gov. cn/art/2014/5/28/art_807302_1470. html。

B.13
海南博鳌乐城国际医疗旅游先行区的
创新之路

罗裕梅　张语珂　张　一*

摘　要：在我国社会生活需求度、经济产业发展需求度不断提高的背景下，康养旅游成为新时代的重要产业支柱。然而，在经历了前期的快速发展后，国内康养旅游项目面临新问题、新挑战。海南博鳌乐城国际医疗旅游先行区寻求政策精准突破，积极探索创新之路，形成了集医疗康复养生、生态节能环保、绿色国际组织和休闲度假于一体的国际健康医疗旅游产业特区。本报告聚焦云南省康养旅游产业种类单一、产业融合度低、产业体系不成熟等特征，以海南博鳌乐城国际医疗旅游先行区为切入点，通过分析项目成果，总结其发展定位、竞争优势以及存在的问题，最终挖掘可供云南省康养旅游项目借鉴的发展经验。

关键词：海南博鳌；康养旅游；旅游环境

The Innovation Road of Hainan Boao Lecheng
International Medical Tourism Pilot Zone

Luo Yumei，Zhang Yuke，Zhang Yi

Abstract：Under the background of the increasing demand of social life and

---

＊　罗裕梅，云南大学工商管理与旅游管理学院副教授、硕士研究生导师，主要研究方向为管理信息系统价值；张语珂，云南大学工商管理与旅游管理学院硕士研究生，主要研究方向为技术经济及管理；张一，四川大学商学院博士研究生，主要研究方向为企业创新管理。

economic industry development in China, health and wellness tourism has become
an important industrial part in the new era. However, after the rapid development
in the early stage, the domestic health and wellness tourism project has to face new
problems and challenges. Hainan Boao Lecheng International Medical Tourism Pilot
Zone seeks for precise breakthroughs in policies and actively explores the road of
innovation, forming an international health and medical tourism special zone,
which integrates medical rehabilitation, health maintenance, ecological energy
conservation, environmental protection, green international organizations and rela-
xing. This report focuses on the traits of the health and wellness tourism in Yun-
nan, including single type, low degree of industrial integration and immature in-
dustrial system. Taking Hainan Boao Lecheng International Medical Tourism Pilot
Zone as the entry point, this report analyzes the project results, summarizes its de-
velopment orientation, competitive advantages and existing problems, and finally
finds out the development experience that can be used for reference by Yunnan
health and wellness tourism project.

Keywords：Hainan Boao；Health and Wellness Tourism；Tourist Environ-
ment

一　引言

我国改革开放步入新时代，从过去的"吃饱饭"到如今的"美好生
活"，公民的社会生活需求度上升到了一个新高度，人们的消费重点开始转
向健康、修养、旅游、娱乐等。随着人口老龄化问题逐渐突出和亚健康问
题群体的不断扩大，国家的大力扶持以及国内总体市场对旅游和健康的双
重需要使得康养旅游产业飞速成长。然而，当前我国经济发展进入新阶段，
不论是从产业生态、发展生存模式方面，还是从商业思想方面，都给传统
康养旅游项目带来了新挑战。因此，我国康养旅游项目在经历了前期的大
规模快速成长后，面临发展战略不细致、核心竞争力不显著、价值链协同
度不够高等问题。此外，根据管理学相关理论，随着项目种类、数量的增
多，产业内部竞争会越发激烈，来自竞争对手、替代者、消费者的压力大

大增加，转型和创新是大势所趋。政府、社会组织、企业都深知创新产业模式对康养旅游项目的重要性，但目前康养产业与旅游业相结合的创新发展模式仍处于前期摸索阶段，各产业对形成多领域协同模式、提升项目与大环境适应性的具体措施的认知还不够明确。

云南作为旅游大省，集生物多样性、文化多样性、气候多样性等特征于一体。优越的自然风景、宜人舒适的气候温度、丰富的中草药物产无不为其旅游业提供了有效助力。然而，从康养旅游产业方面来看，云南还处于初始阶段。目前，云南康养旅游项目主要聚焦古镇乡村，以休闲、"候鸟式"疗养、避暑、避寒等单一功能为特点。与我国东南部沿海城市相比，产业种类单一、产业融合度低、产业体系不成熟是云南康养旅游产业现阶段的主要特点。

数量众多的温泉、独特的民族药文化、丰富的食疗资源，都是云南独有的旅游"名片"。发展康养旅游是旅游业转型升级的有效途径，是旅游业产业融合的优质选择。若云南的康养旅游项目将上述特色融合，最终明确定位，凸显自身特色，就能发挥康养旅游的产业优势，实现旅游业的转型升级。

二　海南博鳌乐城国际医疗旅游先行区[①]概况

2013年，国务院批准设立博鳌乐城先行区；2015年，博鳌乐城先行区开始正式展开建设工作，预计2030年完工。相关团队及部门旨在通过15年的精心打磨，将博鳌乐城先行区打造成一个聚焦发展医疗、医美抗衰、健康体检、科研等国际医疗旅游相关产业，拥有"三地六中心"的国际一流的医疗旅游标杆和医疗旅游度假天堂（见图1）。其中，"三地"指国际医疗旅游目的地、尖端医学技术研发和转化基地、国家级医疗机构聚集地；"六中心"指特色明显、技术先进的临床医学中心，中医特色医疗康复中心，符合国际标准的健康体检中心，国际著名医疗机构在中国的展示窗口和后续治疗中心，罕见病临床医学中心以及国际医学交流中心。

---

① 以下简称"博鳌乐城先行区"。

图 1 博鳌乐城先行区效果图

资料来源：海南建筑设施价格联盟网站。

2017 年 8 月，博鳌乐城先行区进入全国首批健康旅游示范基地行列。2018 年，区内博鳌超级医院、博鳌一龄生命养护中心等 9 家医疗机构开始运营，营业收入达到 3. 65 亿元，提供就业岗位 1778 个。按照博鳌乐城先行区医疗旅游产业所能容纳的床位数、村民安置需求和少量居住配套的口径预测，到 2025 年，区内常住人口规模可达 5. 6 万人，就业人口规模可达 4. 1 万人，年接待医疗旅游人数可达 500 万人，核心产业可实现年产值 1000 亿元以上，年缴税规模可超过 100 亿元。作为中国首个国际医疗旅游产业的实验项目，博鳌乐城先行区的运营模式和经验，以及当前发展存在的问题，对我国其他康养旅游项目后续的创新和转型意义重大。

三 博鳌乐城先行区创新发展的经验与启示

（一）政策方面

1. 博鳌乐城先行区搭乘政策"顺风车"

2013 年 2 月 28 日，国务院正式批复海南省设立博鳌乐城先行区，并且设立了 9 条优惠政策，给予博鳌乐城先行区"四个特许"：特许医疗（技术、人才、药品、器械特许准入），特许研究（前沿医疗研究项目），特许经营（相对放宽审批，允许国外资本进入），特许国际交流（国际会议）。

为进一步支持海南省试点发展国际医疗旅游相关产业，2018 年 4 月，国务院先后下发《关于印发中国（海南）自由贸易试验区总体方案的通知》《中华人民共和国药品管理法实施条例》等一系列重要文件，为博鳌乐城先行区进口医药器械、开展前沿科研项目提供了便利条件。

除去特许优惠政策，"简政放权，审批优化"也为博鳌乐城先行区的建设和开发提供了极大助力。2015 年 8 月 12 日，海南省政府正式将博鳌乐城先行区确定为全省"零审批"改革的三个试点之一。2015～2016 年，海南省有关部门先后下发《关于印发三个试点园区行政审批改革实施方案的通知》《海南博鳌乐城国际医疗旅游先行区行政审批改革实施细则（试行）》等重要文件，推进实施"一个窗口受理，全程代办"的流程，下移管理重心，进一步减少了审批层级和环节。在"简政放权，审批优化"后，项目落地开展前审批工作事项取消 17 项，改为新备案式承诺 15 项，项目落地所需时间由改革前的 429 个工作日缩减为 58 个工作日，速度提高了约 6.4 倍。

2. 云南政策法规针对性较低

打造健康生活目的地、发展生物医药与大健康产业，都显示了云南有关部门对康养旅游产业的重视。《云南省国民经济和社会发展第十四个五年规划和二〇三五年远景目标纲要》指出，云南需聚焦以"文、游、医、养、体、学、智"为主要内容的全产业链，以大滇西旅游环线、澜沧江沿岸休闲旅游示范区、昆玉红色旅游文化带为支撑，建设国际康养旅游示范区，力争打造中国唯一、世界一流的康养旅游品牌。以"三张牌"战略为导向，云南部分地区开始寻求康养旅游产业发展之路，下发了《怒江州关于努力成为生态文明建设排头兵先行区的实施意见》《关于创新实施"一平台、三服务、一张网、三包保"乡村治理晋宁模式的指导意见》等政策文件，启动了"昆明云岭山康养休闲度假小镇""普洱国际次区域康养中心城市"等项目。然而，聚焦具体康养旅游项目的有针对性的优惠政策还有待制定落实。

（二）项目定位方面

1. 博鳌乐城先行区具有基于产业融合的医疗特色

康养旅游项目主要分为四大类：生态体验类、运动健体类、文化体验类、特色医疗类。博鳌乐城先行区作为国内首个国际医疗旅游产业的实验项目，在兼顾低碳绿色、康养旅游国际交流平台战略定位的基础上，以价值医疗为导向、以药械创新为引领，突出自身医疗特色。

博鳌乐城先行区采取"一区四镇两心"的开发模式，"一区"以"医疗综合体"为开发导向，在此基础上，根据项目发展的后续需求，可适当兼容其他相关功能，形成主体突出、功能复合、配套完善的街区式空间形态。"四镇"则以"医疗主题社区"为开发导向，根据健康管理、养生、美容、抗衰老等产业主题，在保证足够的医疗服务设施用地的同时，配置不同类型的康养居住设施，形成主题明确、环境优美的小镇式空间形态。"两心"中的综合服务中心在开发建设过程中，贯彻"综合"和"医疗突出"宗旨，在涵盖政务服务、商业服务、生活服务的同时，设立了进口药械保税仓。

在产业体系方面，博鳌乐城先行区聚焦与医疗相关的"六大产业"，协同创新理念，全面发展"治"（特许医疗），"疗"（中西医结合、疾病筛查、健康疗养等），"养"（养老、健康管理、抗衰老等），"研"（前沿医学研究），"信"（公共信息服务、第三方医学服务平台等），"会"（医学领域国际组织、国际会议等）。

2. 云南康养旅游产业融合度低、特色不显著

云南康养旅游产业同质化现象严重。由于负责项目运营的企业多数是转型的房地产商，采用的商业模式较为传统，即通过房地产的出售和出租等形式获取利润。从康养旅游项目种类来看，分布在昆明、昭通等地的温泉和分布在临沧、普洱等地的食疗药膳是主导产品，娱乐性低、体验感弱，无法满足高端康养客户的需求。传统商业模式使得云南康养旅游项目发展规划、经营战略趋同，导致项目种类单一、产业融合度低、特色不突出。

云南康养资源丰富。按照康养旅游项目的分类标准，从生态体验资源来看，德宏、普洱、西双版纳等地的森林覆盖率均超过60%，空气质量极佳，拥有多个自然保护区，是避暑避寒、修养旅游的优质选择，更是生态体验类康养旅游项目的优质开发之地。从文化体验资源来看，云南的文化遗产具有独特性。多种类的少数民族文化和众多名胜古迹，无一不显示着云南文化体验类康养旅游项目的发展潜力。从特色医疗资源来看，据不完全统计，我国有千余种傣药资源，而其中超过90%来自云南①。在傣药资源丰富的基础上，民族药与国外医药的交流融合也大大丰富了外来药的种类，如西洋参等。除了傣药，作为云南名片之一的三七也蕴含较高的医疗价值。

（三）项目结构规划方面

1. 博鳌乐城先行区充分利用自然地理资源规划结构

博鳌乐城先行区隶属琼海市博鳌镇，地处海南省东部，位于琼海市和博鳌亚洲论坛核心区之间的万泉河两岸。该区域地势平整、生态环境优美、气候宜人，拥有"水、岛、林、田"的独特景观资源。凭借特殊的地势结构，同时借鉴莱茵河的保护措施，博鳌乐城先行区采用"大疏大密"的空间组织方式，形成"一河两岸，簇群开发"的空间开发模式，最终构建了"一区四镇两心"的空间结构。其中，"一区"即为博鳌乐城先行区北侧以特许医疗、医疗研究、公共信息和第三方服务平台、国际组织为主导功能的综合性功能组团；"四镇"包括博鳌乐城先行区两侧以特色治疗、康复疗养、健康管理、养生等为主导功能，以特色小镇为城市风貌的四个疗养主题功能组团；"两心"指万泉河左右两岸的"湾区"和"绿岛"两个标志性场所，一凹一凸、遥相呼应，与"一区四镇"共同形成博鳌乐城先行区独特的空间风格。

博鳌乐城先行区距机场约7.3公里，距博鳌火车站约3.7公里，距琼海火车站约18公里，周边有省道、国道、高速公路、国际学校等区域性配套设施，能提供良好的城市服务，可谓交通便利、区位优越。

2. 云南康养旅游项目自然地理资源整合度较低

尽管云南有着不可替代的气候与自然资源优势，但地处边境、交通不便等因素使云南不得不面对总体城镇化水平低、发展不细致、资源与环境矛盾凸显、产业支撑力不强、规划不合理等问题。以生态体验类康养旅游项目为例，虽然云南积极申报并成立了23个森林康养试点单位，但由于缺乏资源规划知识和专业人才，这些试点单位建设进展缓慢。由于云南贫困地区数量较多，且自然资源丰富的地区普遍存在经济发展滞后的问题，其

---

① 张丽霞等：《我国傣药资源的调查与整理研究》，《中国中药杂志》2016年第16期。

对以高端需求为主的康养客户群体的吸引力较低。此外，如何以康养旅游产业巩固脱贫攻坚成果也是一大难题。以怒江为例，该地蕴含丰富的生态旅游资源，在成功脱贫攻坚后，有关部门高度重视怒江的后续发展，经过考察和研究，最终将怒江的旅游定位确定为"小众、特色、高端"，将充分依托怒江的自然景观、民族文化资源大力发展康养旅游产业。但结合上述云南康养旅游产业缺乏科学规划、专业人才等的现状，怒江康养旅游项目的开发任重道远。

自然地理资源是康养旅游产业的重要支持力量。综上所述，云南对康养旅游资源的整合不足，以及多地经济发展不均衡，导致省内不同地区的康养旅游项目发展不全面，项目开发难度加大，最终使得康养旅游空间分布不合理，各地资源优势未得到充分利用。

四　博鳌乐城先行区存在的问题及发展建议

（一）政策优惠是把"双刃剑"

博鳌乐城先行区作为在国家政策支持下建立的医疗康养旅游先行区，在享受优惠政策的同时，受到了政府政策的限制。例如，政府虽然为博鳌乐城先行区医药器械进出口提供了一系列便利，但也限制其通过房地产项目和"旅居结合"的康养旅游模式获得额外收入。笔者通过实地调研，对博鳌乐城先行区内已经落地并且营业的多家医疗机构的发展模式、竞争力及盈利状况进行了整理。如表1所示，各医疗机构定位明确、特色显著，但未盈利机构较多。因此，对于现在的博鳌乐城先行区来说，突破优惠政策限制、创新营利模式是一个巨大挑战。

表1　博鳌乐城先行区相关医疗机构竞争力及盈利状况总结

名称	关注点	竞争力的来源	盈利状况
博鳌一龄生命养护中心	疾病预防	1. "会员制"的服务模式 2. 辅助发展旅游业 3. 中医疗法	盈利

续表

名称	关注点	竞争力的来源	盈利状况
博鳌超级医院	疾病治疗	1. 院士、专家团队的引进 2. 国家的政策支持 3. "1＋X"的经营模式	未盈利
博鳌恒大国际医院	疾病治疗	1. 综合性医院，学科门类齐全 2. 酒店化的病床服务，医护比例高 3. 拥有自己的药品生产、分销基地	未盈利
慈铭博鳌国际医院	生殖技术、高端体检	1. 辅助生殖技术、慢性病治疗 2. 通过与其他公司进行合作来吸引客户 3. 新药品的推广与应用	未盈利
博鳌国际医院	美容、抗衰老	1. "3P"医学模式 2. 基因组医学、抗衰老医学	未盈利
博鳌端达·麦迪赛尔国际医疗中心	药品开发	符合GCP规范的快速临床试验基地	未盈利

资料来源：笔者根据实地调研资料整理。

（二）医疗旅游环境有待完善

数据调查显示，60%的游客对海南医疗旅游服务持怀疑态度，认为海南医疗市场普遍存在欺诈行为，超过30%的游客置疑海南医疗项目的专业水平，并且不满其服务态度[①]。从海南总体游客市场来看，约有75%的游客不会选择海南医疗旅游服务，多数人仍然将海南视为传统休闲旅游之地。究其原因，是海南省的医疗旅游环境不够完善。

对国内客户而言，私立医院的公信力、知名度远低于公立医院；对国外消费者而言，是否通过JCI（国际医疗卫生机构认证联合委员会）认证是影响其选择医疗机构的重要因素。博鳌乐城先行区内的医疗机构几乎都是私营机构；截至2021年，只有海南现代妇婴医院、海南现代妇女儿童医院两家民营医疗机构通过了JCI认证。此外，多数医疗旅游发达的国家都有着深入人心的特色项目，并以此为核心竞争力，如泰国和韩国的医美整形项目、马来西亚的高端健康检查、匈牙利和波兰的牙科等。博鳌乐城先行区只有在医疗领域找到突破点，并将其做到国际医疗界的前列，才能形成品

---

① 罗丽娟：《关于海南医疗旅游市场的调查报告》，《中国市场》2012年第5期。

牌效应，打造属于海南自身的医疗旅游品牌。

基于上述情景，游客市场对海南医疗体系有"能力、技术较低"的刻板印象。博鳌乐城先行区虽然通过引进专家团队、召开医学科研会议等方式提升了公信力，突出了其"医+旅"特色，但还需抓紧促进区内私立医疗机构通过国际认证，并加强与国内公立医院的联系与合作，打造医疗旅游品牌。只有这样，才能让游客进一步看到能够证明海南医疗旅游服务有较高水平的"证据"，从而使其真正转变对待海南医疗旅游服务的态度。

（三）项目发展建议

目前，博鳌乐城先行区已经初步建成了包括临床医学中心、药械流通基地在内的多家医疗机构。截至2022年9月，虽然已有多家医疗机构在博鳌乐城先行区开业运营，但仍有多个项目处于持续推进阶段，博鳌乐城先行区并未建设完毕。因此，基于上文分析，笔者提出以下发展建议。

坚持保护优先，贯彻可持续发展原则。海南独特的自然与民族文化资源是吸引外来游客的基础。无论是在建设期还是运营期，对于医疗项目的建设来说，保护生态环境始终是根本策略。坚持"绿水青山就是金山银山"的发展理念，统筹协调近期效益与远期效益，确保生态环境质量是博鳌乐城先行区可持续发展的关键。

坚持探索经营模式，寻找营利点。面对政策优惠这把"双刃剑"，博鳌乐城先行区应积极探索新的经营模式，提高服务效率。从现有的经营状况来看，如何吸引游客、赚取利润成为当前应该考虑的关键点。

积极开拓市场，采用互联网技术。博鳌亚洲论坛的成功举办使博鳌镇备受关注，博鳌乐城先行区在建设期应该借助这一优势，积极宣传医疗旅游的作用。在互联网技术飞速发展的时代，游客是推动医疗旅游发展的关键因素。在"人人都是自媒体"的时代，谁的"粉丝"多谁就拥有先发优势。因此，博鳌乐城先行区可以积极地与携程、飞猪等知名旅游App合作，适当地通过微信公众号等社交媒体来开拓潜在的消费市场。

协同改善医疗旅游环境。面对海南省医疗旅游品牌效应不强、游客黏性较低的现状，作为国内第一个国际医疗旅游产业的实验项目，博鳌乐城先行区有义务协同有关部门提升医疗旅游环境质量，共同构筑海南医疗旅游的发展之路。

参考文献

赵杨、孙秀亭：《我国沿海地区康养旅游产业创新发展研究——以秦皇岛市为例》，《城市发展研究》2022年第6期。

李君轶：《国内旅游市场研究——Internet环境下的新透视》，科学出版社，2010。

李莉、陈雪钧：《康养旅游产业创新发展的影响因素研究》，《企业经济》2020年第7期。

周三多等编著《管理学》，复旦大学出版社，2018。

程臻宇：《区域康养产业内涵、形成要素及发展模式》，《山东社会科学》2018年第12期。

何少琪：《云南省康养旅游市场前景发展分析》，《内蒙古科技与经济》2018年第12期。

杨洪飞、李庆雷、夏梦蕾：《健康中国战略下的云南省康养旅游发展路径研究》，《林业与生态科学》2020年第4期。

李玮：《深耕先行区改革"试验田"》，《中国卫生》2019年第1期。

琼海市委宣传部编《博鳌乐城：全力打造国际医疗健康产业新高地》，《今日海南》2019年第3期。

孙梦、叶龙杰、刘泽林：《乐城：海南画出的一个健康"圈"》，《中国卫生》2018年第6期。

马睿婕：《浅析海南医疗旅游发展现状——以博鳌乐城国际医疗旅游先行区为例》，《消费导刊》2018年第45期。

焦旭祥等：《寻求政策精准突破建设健康产业特区——海南博鳌乐城医疗旅游先行区建设对浙江的启示》，《浙江经济》2018年第16期。

《海南推行"极简审批"为项目落地节省人力物力》，海口网，2017年5月2日，http://www. hkwb. net/news/content/2017－05/02/content_3231542. htm。

《云南：打造世界一流"三张牌"构建迭代产业发展新动能》，云南网，2019年1月27日，https://yn. yunnan. cn/system/2019/01/27/030188568. shtml。

《打赢生态环境保护战 怒江生态环境质量位居全省前列》，云南网，2021年6月17日，https://yn. yunnan. cn/system/2021/06/17/031518695. shtml。

《昆明晋宁：高位统筹措施得力基层社会治理行稳致远》，云南网，2021年4月16

日，https：//yn. yunnan. cn/system/2021/04/16/031397545. shtml。

吴后建等：《森林康养：概念内涵、产品类型和发展路径》，《生态学杂志》2018 年
第 7 期。

《博鳌乐城国际医疗旅游先行区综合服务中心各业态整体开业》，人民网，2019 年 11
月 20 日，http：//health. people. com. cn/n1/2019/1220/c14739 – 31515683. html。

朱建定、杨学英、杨正伟：《生态文明建设背景下云南康养旅游产业发展探析》，
《西南林业大学学报》（社会科学）2019 年第 6 期。

易水：《"健康生活目的地"为彩云南添魅力》，《创造》2019 年第 1 期。

林景超等：《我国三七产业的发展现状及前景》，《中国药业》2005 年第 2 期。

董方龙：《云南旅游型小城镇发展研究——基于善应镇和大研古镇的田野调查》，硕
士学位论文，云南大学，2015。

王文娇：《云南省森林康养产业存在的不足与改进措施》，《山西农经》2019 年第
8 期。

《怒江州奋进前行，重整行装再出发——巩固脱贫成果，全面推进乡村振兴》，云南
网，2021 年 6 月 25 日，http：//society. yunnan. cn/system/2021/06/25/031532530.
shtml。

李嘉仪：《对医疗旅游服务业发展的法律思考》，硕士学位论文，西南政法大学，
2017。

周义龙：《海南医疗旅游发展存在的问题及对策研究》，《商业经济》2015 年第
9 期。

黄光海：《海南国际医疗旅游发展中的问题和对策研究》，《现代交际》2021 年第
10 期。

图书在版编目（CIP）数据

云南康养旅游发展报告. 2021~2022 / 杜靖川，吕
宛青主编. -- 北京：社会科学文献出版社，2023.3
ISBN 978 - 7 - 5228 - 1570 - 1

Ⅰ.①云… Ⅱ.①杜… ②吕… Ⅲ.①地方旅游业 -
旅游保健 - 旅游业发展 - 研究 - 云南 - 2021 - 2022 Ⅳ.
①F592.774

中国国家版本馆 CIP 数据核字（2023）第 048320 号

云南康养旅游发展报告（2021~2022）

主　　编／杜靖川　吕宛青

出 版 人／王利民
组稿编辑／周　丽
责任编辑／徐崇阳
文稿编辑／王雅琪
责任印制／王京美

出　　版／社会科学文献出版社·城市和绿色发展分社（010）59367143
　　　　　 地址：北京市北三环中路甲29号院华龙大厦　邮编：100029
　　　　　 网址：www.ssap.com.cn
发　　行／社会科学文献出版社（010）59367028
印　　装／三河市龙林印务有限公司

规　　格／开本：787mm × 1092mm　1/16
　　　　　 印　张：13.75　字　数：217 千字
版　　次／2023 年 3 月第 1 版　2023 年 3 月第 1 次印刷
书　　号／ISBN 978 - 7 - 5228 - 1570 - 1
定　　价／128.00 元

读者服务电话：4008918866